"问道·强国之路"丛书　主编——董振华

李刚——主编

建设质量强国

中国青年出版社

"问道·强国之路"丛书

出版说明

为中国人民谋幸福、为中华民族谋复兴，是中国共产党的初心使命。

中国共产党登上历史舞台之时，面对着国家蒙辱、人民蒙难、文明蒙尘的历史困局，面临着争取民族独立、人民解放和实现国家富强、人民富裕的历史任务。

"蒙辱""蒙难""蒙尘"，根源在于近代中国与工业文明和西方列强相比，落伍、落后、孱弱了，处处陷入被动挨打。

跳出历史困局，最宏伟的目标、最彻底的办法，就是要找到正确道路，实现现代化，让国家繁荣富强起来、民族振兴强大起来、人民富裕强健起来。

"强起来"，是中国共产党初心使命的根本指向，是近代以来全体中华儿女内心深处最强烈的渴望、最光辉的梦想。

从1921年红船扬帆启航，经过新民主主义革命、社会主义革命和社会主义建设、改革开放和社会主义现代化建设、中国特色社会主义新时代的百年远征，中国共产党持续推进马克思主义基本原理同中国具体实际相结合、同中华优秀传统文化相结合，在马克思主义中国化理论成果指引下，带领全国各族人民走出了一条救国、建国、富国、强国的正确道路，推动中华民族迎来了从站起来、富起来到强起来的伟大飞跃。

一百年来，从推翻"三座大山"、为开展国家现代化建设创造根本社会条件，在革命时期就提出新民主主义工业化思想，到轰轰烈烈的社会主义工业化实践、"四个现代化"宏伟目标，"三步走"战略构想，"两个一百年"奋斗目标，中国共产党人对建设社会主义现代化强国的孜孜追求一刻也没有停歇。

新思想领航新征程，新时代铸就新伟业。

党的十八大以来，中国特色社会主义进入新时代，全面"强起来"的时代呼唤愈加热切。习近平新时代中国特色社会主义思想立足实现中华民族伟大复兴战略全局和世界百年未有之大变局，深刻回答了新时代建设什么样的社会主义现代化强国、怎样建设社会主义现代化强国等重大时代课题，擘画了建设社会主义现代化强国的宏伟蓝图和光明前景。

从党的十九大报告到党的十九届五中全会通过的《中共中央关于制定国民经济和社会发展第十四个五年规划和二〇三五年远景目标的建议》、党的十九届六中全会通过的《中共中央关于党的百年奋斗重大成就和历史经验的决议》，建设社会主义现代化强国的号角日益嘹亮、目标日益清晰、举措日益坚实。在以习近平同志为核心的党中央的宏伟擘画中，"人才强国"、"制造强国"、"科技强国"、"质量强国"、"航天强国"、"网络强国"、"交通强国"、"海洋强国"、"贸易强国"、"文化强国"、"体育强国"、"教育强国",以及"平安中国"、"美丽中国"、"数字中国"、"法治中国"、"健康中国"等,一个个强国目标接踵而至,一个个美好愿景深入人心,一个个扎实部署深入推进,推动各个领域的强国建设按下了快进键、迎来了新高潮。

"强起来",已经从历史深处的呼唤,发展成为我们这个时代的最高昂旋律;"强国建设",就是我们这个时代的最突出使命。为回应时代关切,2021年3月,我社发起并组织策划出版大型通俗理论读物——"问道·强国之路"丛书,围绕"强国建设"主题,系统集中进行梳理、诠释、展望,帮助引导大众特别是广大青年学习贯彻习近平新时代中国特色社会主义思想,踊跃投身社会主义现代化强国建设伟大实践,谱写壮美新时代之歌。

"问道·强国之路"丛书共17册,分别围绕党的十九大报告等党的重要文献提到的前述17个强国目标展开。

丛书以习近平新时代中国特色社会主义思想为指导,聚焦新时代建设什么样的社会主义现代化强国、怎样建设社会主义现代化强国,结合各领域实际,总结历史做法,借鉴国际经验,展现伟大成就,描绘光明前景,提出对策建议,具有重要的理论价值、宣传价值、出版价值和实践参考价值。

丛书突出通俗理论读物定位,注重政治性、理论性、宣传性、专业性、通俗性的统一。

丛书由中央党校哲学教研部副主任董振华教授担任主编,红旗文稿杂志社社长顾保国担任总审稿。各分册编写团队阵容权威齐整、组织有力，既有来自高校、研究机构的权威专家学者，也有来自部委相关部门的政策制定者、推动者和一线研究团队；既有建树卓著的资深理论工作者，也有实力雄厚的中青年专家。他们以高度的责任、热情和专业水准，不辞辛劳，只争朝夕，潜心创作，反复打磨，奉献出精品力作。

在共青团中央及有关部门的指导和支持下，经过各方一年多的共同努力，丛书于近期出版发行。

在此，向所有对本丛书给予关心、予以指导、参与创作和编辑出版的领导、专家和同志们诚挚致谢！

让我们深入学习贯彻习近平新时代中国特色社会主义思想，牢记初心使命，盯紧强国目标，奋发勇毅前行，以实际行动和优异成绩迎接党的二十大胜利召开！

中国青年出版社
2022年3月

"问道·强国之路"丛书总序：

沿着中国道路，阔步走向社会主义现代化强国

实现中华民族伟大复兴，就是中华民族近代以来最伟大的梦想。党的十九大提出到2020年全面建成小康社会，到2035年基本实现社会主义现代化，到本世纪中叶把我国建设成为富强民主文明和谐美丽的社会主义现代化强国。在中国这样一个十几亿人口的农业国家如何实现现代化、建成现代化强国，这是一项人类历史上前所未有的伟大事业，也是世界历史上从来没有遇到过的难题，中国共产党团结带领伟大的中国人民正在谱写着人类历史上的宏伟史诗。习近平总书记在庆祝改革开放40周年大会上指出："建成社会主义现代化强国，实现中华民族伟大复兴，是一场接力跑，我们要一棒接着一棒跑下去，每一代人都要为下一代人跑出一个好成绩。"只有回看走过的路、比较别人的路、远眺前行的路，我们才能够弄清楚我

们为什么要出发、我们在哪里、我们要往哪里去，我们也才不会迷失远航的方向和道路。"他山之石，可以攻玉。"在建设社会主义现代化强国的历史进程中，我们理性分析借鉴世界强国的历史经验教训，清醒认识我们的历史方位和既有条件的利弊，问道强国之路，从而尊道贵德，才能让中华民族伟大复兴的中国道路越走越宽广。

一、历经革命、建设、改革，我们坚持走自己的路，开辟了一条走向伟大复兴的中国道路，吹响了走向社会主义现代化强国的时代号角。

党的十九大报告指出："改革开放之初，我们党发出了走自己的路、建设中国特色社会主义的伟大号召。从那时以来，我们党团结带领全国各族人民不懈奋斗，推动我国经济实力、科技实力、国防实力、综合国力进入世界前列，推动我国国际地位实现前所未有的提升，党的面貌、国家的面貌、人民的面貌、军队的面貌、中华民族的面貌发生了前所未有的变化，中华民族正以崭新姿态屹立于世界的东方。"中国特色社会主义所取得的辉煌成就，为中华民族伟大复兴奠定了坚实的基础，中国特色社会主义进入了新时代。这意味着中国特色社会主义道路、理论、制度、文化不断发展，拓展了发展中国家走向现代化的途径，给世界上那些既希望加快发展又希望保持自身独立性的国家和民族提供了全新选择，为解决人类问题贡献了中国智慧和中国方案，同时也昭示着中华民族伟大复兴的美好前景。

新中国成立70多年来，我们党领导人民创造了世所罕见的经济快速发展奇迹和社会长期稳定奇迹，以无可辩驳的事实宣示了中国道路具有独特优势，是实现伟大梦想的光明大道。习近平总书记在《关于〈中共中央关于制定国民经济和社会发展第十四个五年规划和二〇三五年远景目标的建议〉的说明》中指出："我国有独特的政治优势、制度优势、发展优势和机遇优势，经济社会发展依然有诸多有利条件，我们完全有信心、有底气、有能力谱写'两大奇迹'新篇章。"但是，中华民族伟大复兴绝不是轻轻松松、敲锣打鼓就能实现的，全党必须准备付出更为艰巨、更为艰苦的努力。

过去成功并不意味着未来一定成功。如果我们不能找到中国道路成功背后的"所以然"，那么，即使我们实践上确实取得了巨大成功，这个成功也可能会是偶然的。怎么保证这个成功是必然的，持续下去走向未来？关键在于能够发现背后的必然性，即找到规律性，也就是在纷繁复杂的现象背后找到中国道路的成功之"道"。只有"问道"，方能"悟道"，而后"明道"，也才能够从心所欲不逾矩而"行道"。只有找到了中国道路和中国方案背后的中国智慧，我们才能够明白哪些是根本的因素必须坚持，哪些是偶然的因素可以变通，这样我们才能够确保中国道路走得更宽更远，取得更大的成就，其他国家和民族的现代化道路才可以从中国道路中获得智慧和启示。唯有如此，中国道路才具有普遍意义和世界意义。

二、世界历史沧桑巨变，照抄照搬资本主义实现强国是没有出路的，我们必须走出中国式现代化道路。

现代化是18世纪以来的世界潮流，体现了社会发展和人类文明的深刻变化。但是，正如马克思早就向我们揭示的，资本主义自我调整和扩张的过程不仅是各种矛盾和困境丛生的过程，也是逐渐丧失其生命力的过程。肇始于西方的、资本主导下的工业化和现代化在创造了丰富的物质财富的同时，也拉大了贫富差距，引发了环境问题，失落了精神家园。而纵观当今世界，资本主义主导的国际政治经济体系弊端丛生，中国之治与西方乱象形成鲜明对比。照抄照搬西方道路，不仅在道义上是和全人类共同价值相悖的，而且在现实上是根本走不通的邪路。

社会主义是作为对资本主义的超越而存在的，其得以成立和得以存在的价值和理由，就是要在解放和发展生产力的基础上，消灭剥削，消除两极分化，最终实现共同富裕。中国共产党领导的社会主义现代化，始终把维护好、发展好人民的根本利益作为一切工作的出发点，让人民共享现代化成果。事实雄辩地证明，社会主义现代化建设不仅造福全体中国人民，而且对促进地区繁荣、增进各国人民福祉将发挥积极的推动作用。历史和实践充分证明，中国特色社会主义不仅引领世界社会主义走出了苏东剧变导致的低谷，而且重塑了社会主义与资本主义的关系，创新和发展了科学社会主义理论，用实践证明了马克思主义并没有过时，依然显示出科学思想的伟力，对世界社会主义发展具有深远历史意义。

从现代化道路的生成规律来看，虽然不同的民族和国家在谋求现代化的进程中存在着共性的一面，但由于各个民族和国家存在着诸多差异，从而在道路选择上也必定存在诸多差异。习近平总书记指出："世界上没有放之四海而皆准的具体发展模式，也没有一成不变的发展道路。历史条件的多样性，决定了各国选择发展道路的多样性。"中国道路的成功向世界表明，人类的现代化道路是多元的而不是一元的，它拓展了人类现代化的道路，极大地激发了广大发展中国家"走自己道路"的信心。

三、中国式现代化遵循发展的规律性，蕴含着发展的实践辩证法，是全面发展的现代化。

中国道路所遵循的发展理念，在总结发展的历史经验、批判吸收传统发展理论的基础上，对"什么是发展"问题进行了本质追问，从真理维度深刻揭示了发展的规律性。发展本质上是指前进的变化，即事物从一种旧质态转变为新质态，从低级到高级、从无序到有序、从简单到复杂的上升运动。在发展理论中，"发展"本质上是指一个国家或地区由相对落后的不发达状态向相对先进的发达状态的过渡和转变，或者由发达状态向更加发达状态的过渡和转变，其内容包括经济、政治、社会、科技、文化、教育以及人自身等多方面的发展，是一个动态的、全面的社会转型和进步过程。发展不是一个简单的增长过程，而是一个在遵循自然规律、经济规律和社会规律基础上，通过结构优化实现的质的飞跃。

发展问题表现形式多种多样，例如人与自然关系的紧张、贫富差距过大、经济社会发展失衡、社会政治动荡等，但就其实质而言都是人类不断增长的需要与现实资源的稀缺性之间的矛盾的外化。我们解决发展问题，不可能通过片面地压抑和控制人类的需要这样的方式来实现，而只能通过不断创造和提供新的资源以满足不断增长的人类需要的路径来实现，这种解决发展问题的根本途径就是创新。改革开放40多年来，我们正是因为遵循经济发展规律，实施创新驱动发展战略，积极转变发展方式、优化经济结构、转换增长动力，积极扩大内需，实施区域协调发展战略，实施乡村振兴战略，坚决打好防范化解重大风险、精准脱贫、污染防治的攻坚战，才不断推动中国经济更高质量、更有效率、更加公平、更可持续地发展。

发展本质上是一个遵循社会规律、不断优化结构、实现协调发展的过程。协调既是发展手段又是发展目标，同时还是评价发展的标准和尺度，是发展两点论和重点论的统一，是发展平衡和不平衡的统一，是发展短板和潜力的统一。坚持协调发展，学会"弹钢琴"，增强发展的整体性、协调性，这是我国经济社会发展必须要遵循的基本原则和基本规律。改革开放40多年来，正是因为我们遵循社会发展规律，推动经济、政治、文化、社会、生态协调发展，促进区域、城乡、各个群体共同进步，才能着力解决人民群众所需所急所盼，让人民共享经济、政治、文化、社会、生态等各方面发展成果，有更多、更直接、更实在的获得感、幸福感、安全感，不断促进人的全面发展、全体人民共同富裕。

人类社会发展活动必须尊重自然、顺应自然、保护自然，遵循自然发展规律，否则就会遭到大自然的报复。生态环境没有替代品，用之不觉，失之难存。环境就是民生，青山就是美丽，蓝天也是幸福，绿水青山就是金山银山；保护环境就是保护生产力，改善环境就是发展生产力。正是遵循自然规律，我们始终坚持保护环境和节约资源，坚持推进生态文明建设，生态文明制度体系加快形成，主体功能区制度逐步健全，节能减排取得重大进展，重大生态保护和修复工程进展顺利，生态环境治理明显加强，积极参与和引导应对气候变化国际合作，中国人民生于斯、长于斯的家园更加美丽宜人。

正是基于对发展规律的遵循，中国人民沿着中国道路不断推动科学发展，创造了辉煌的中国奇迹。正如习近平总书记在庆祝改革开放40周年大会上的讲话中所指出的："40年春风化雨、春华秋实，改革开放极大改变了中国的面貌、中华民族的面貌、中国人民的面貌、中国共产党的面貌。中华民族迎来了从站起来、富起来到强起来的伟大飞跃！中国特色社会主义迎来了从创立、发展到完善的伟大飞跃！中国人民迎来了从温饱不足到小康富裕的伟大飞跃！中华民族正以崭新姿态屹立于世界的东方！"

有人曾经认为，西方文明是世界上最好的文明，西方的现代化道路是唯一可行的发展"范式"，西方的民主制度是唯一科学的政治模式。但是，经济持续快速发展、人民生活水平不断提高、综合国力大幅提升的"中国道路"，充分揭开了这些违背唯物辩证法"独断论"的迷雾。正如习近平总书记在庆祝改革开放40周年大会上的讲话中所指出的："在中国这样一个有着5000多年文明史、13亿多人口的大国推进改革发展，没有可以奉为金科玉律的教科书，也没有可以对中国人民颐指气使的教师爷。鲁迅先生说过：'什么是路？就是从没路的地方践踏出来的，从只有荆棘的地方开辟出来的。'"我们正是因为始终坚持解放思想、实事求是、与时俱进、求真务实，坚持马克思主义指导地位不动摇，坚持科学社会主义基本原则不动摇，勇敢推进理论创新、实践创新、制度创新、文化创新以及各方面创新，才不断赋予中国特色社会主义以鲜明的实践特色、理论特色、民族特色、时代特色，形成了中国特色社会主义道路、理论、制度、文化，以不可辩驳的事实彰显了科学社会主义的鲜活生命力，社会主义的伟大旗帜始终在中国大地上高高飘扬！

四、中国式现代化是根植于中国文化传统的现代化，从根本上反对国强必霸的逻辑，向人类展示了中国智慧的世界历史意义。

《周易》有言："形而上者谓之道，形而下者谓之器。"每一个国家和民族的历史文化传统不同，面临的形势和任务不同，人民的需要和要求不同，他们谋求发展造福人民的具体路径当然可以不同，也必然不同。中国式现代化道路的开辟充分汲取了中国传统文化的智慧，给世界提供了中国气派和中国风格的思维方式，彰显了中国之"道"。

中国传统文化主张求同存异的和谐发展理念，认为万物相辅相成、相生相克、和实生物。《周易》有言："生生之谓易。"正是在阴阳对立和转化的过程中，世界上的万事万物才能够生生不息。《国语·郑语》中史伯说："夫和实生物，同则不继。以他平他谓之和，故能丰长而物归之；若以同裨同，尽乃弃矣。"《黄帝内经素问集注》指出："故发长也，按阴阳之道。孤阳不生，独阴不长。阴中有阳，阳中有阴。"二程（程颢、程颐）认为，对立之间存在着此消彼长的关系，对立双方是相互影响的。"万物莫不有对，一阴一阳，一善一恶，阳长而阴消，善增而恶减。"他们认为"消长相因，天之理也。""理必有对待，生生之本也。"正是在相互对立的两个方面相生相克、此消彼长的交互作用中，万事万物得以生成和毁灭，不断地生长和变化。这些思维理念在中国道路中也得到了充分的体现。中国道路主张合作共赢，共同发展才是真的发展，中国在发展过程中始终坚持互惠互利的原则，欢迎其他国家搭乘中国发展的"便车"。中国道路主张文明交流，一花独放不是春，世界正是因多彩而美丽，中国在国际舞台上坚持文明平等交流互鉴，反对"文明冲突"，提倡和而不同、兼收并蓄的理念，致力于世界不同文明之间的沟通对话。

中国传统文化主张世界大同的和谐理念，主张建设各美其美的和谐世界。为世界谋大同，深深植根于中华民族优秀传统文化之中，凝聚了几千年来中华民族追求大同社会的理想。不同的历史时期，人们都从不同的意义上对大同社会的理想图景进行过描绘。从《礼记》提出"天下为公，选贤与能，讲信修睦。故人不独亲其亲，不独子其子。使老有所终，壮有所用，幼有所长，鳏寡孤独废疾者皆有所养"的社会大同之梦，到陶渊明在《桃花源记》中描述的"黄发垂髫，并怡然自乐"的平静自得的生活场景，再到康有为《大同书》中提出的"大同"理想，以及孙中山发出的"天下为公"的呐喊，一代又一代的中国人，不管社会如何进步，文化如何发展，骨子里永恒不变的就是对大同世界的追求。习近平总书记强调："世界大同，和合共生，这些都是中国几千年文明一直秉持的理念。"这一论述充分体现了中华传统文化中的"天下情怀"。"天下情怀"一方面体现为"以和为贵"，中国自古就崇尚和平、反对战争，主张各国家、各民族和睦共处，在尊重文明多样性的基础上推动文明交流互鉴。另一方面则体现为合作共赢,中国从不主张非此即彼的零和博弈,始终倡导兼容并蓄的理念,我们希望世界各国能够携起手来共同应对全球挑战,希望通过汇聚大家的力量为解决全球性问题作出更多积极的贡献。

中国有世界观,世界也有中国观。一个拥有5000多年璀璨文明的东方古国,沿着社会主义道路一路前行,这注定是改变历史、创造未来的非凡历程。以历史的长时段看,中国的发展是一项属于全人类的进步事业,也终将为更多人所理解与支持。世界好,中国才能好。中国好,世界才更好。中国共产党是为中国人民谋幸福的党,也是为人类进步事业而奋斗的党,我们所做的一切就是为中国人民谋幸福、为中华民族谋复兴、为人类谋和平与发展。中国共产党的初心和使命,不仅是为中国人民谋幸福,为中华民族谋复兴,而且还包含为世界人民谋大同。为世界人民谋大同是为中国人民谋幸福和为中华民族谋复兴的逻辑必然,既体现了中国共产党关注世界发展和人类事业进步的天下情怀,也体现了中国共产党致力于实现"全人类解放"的崇高的共产主义远大理想,以及立志于推动构建"人类命运共同体"的使命担当和博大胸襟。

中华民族拥有在5000多年历史演进中形成的灿烂文明,中国共产党拥有百年奋斗实践和70多年执政兴国经验,我们积极学习借鉴人类文明的一切有益成果,欢迎一切有益的建议和善意的批评,但我们绝不接受"教师爷"般颐指气使的说教!揭示中国道路的成功密码,就是问"道"中国道路,也就是挖掘中国道路之中蕴含的中国智慧。吸收借鉴其他现代化强国的兴衰成败的经验教训,也就是问"道"强国之路的一般规律和基本原则。这个"道"不是一个具体的手段、具体的方法和具体的方略，而是可以为每个国家和民族选择"行道"之"器"提供必须要坚守的价值和基本原则。这个"道"是具有共通性的普遍智慧，可以启发其他国家和民族据此选择适合自己的发展道路，因而它具有世界意义。

路漫漫其修远兮，吾将上下而求索。"为天地立心，为生民立命，为往圣继绝学，为万世开太平"，是一切有理想、有抱负的哲学社会科学工作者都应该担负起的历史赋予的光荣使命。问道强国之路，为实现社会主义现代化强国提供智慧指引，是党的理论工作者义不容辞的社会责任。红旗文稿杂志社社长顾保国、中国青年出版社总编辑陈章乐在中央党校学习期间，深深沉思于问道强国之路这一"国之大者"，我也对此问题甚为关注，我们三人共同商定联合邀请国内相关领域权威专家一起"问道"。在中国青年出版社皮钧社长等的鼎力支持和领导组织下，经过各位专家学者和编辑一年的艰辛努力，几易其稿。这套丛书凝聚着每一位同仁不懈奋斗的辛勤汗水、殚精竭虑的深思智慧和饱含深情的热切厚望，终于像腹中婴儿一样怀着对未来的希望呱呱坠地。我们希望在强国路上，能够为中华民族的伟大复兴奉献绵薄之力。我们坚信，中国共产党和中国人民将在自己选择的道路上昂首阔步走下去，始终会把中国发展进步的命运牢牢掌握在自己手中！

是为序！

董振华

2022年3月于中央党校

前　言 001

第1章　质量与质量强国的概念

一、万里长城永不倒的质量密码 007

二、质量是人类社会发展的永恒主题 013

三、质量强国的内涵与价值 022

第2章　时代的呼唤：建设质量强国

一、世界一流：质量强国的目标方向 031

二、衣食住行：质量强国与你我他 037

三、美好生活：智能时代的全新图景 043

四、中国，必须为质量而战 050

第3章　世界强国的质量路径

一、英国：质量先声 057

二、美国：质量大成 065

三、德国：质量标杆 073

四、日本：质量革命 080

第4章　我国建设质量强国的前世今生

一、近代中国质量衰弱与近代式微 091

二、萌芽阶段：革命时期党领导下的质量工作 104

三、起步阶段：建设时期的艰辛探索 107

四、发展阶段：改革开放后的迅猛发展 109

五、腾飞阶段：新时代迈向质量强国的战略举措 111

第5章　我国质量强国建设的现状和方向

一、我国整体质量水平分析 119

二、质量强国的基础条件：国家质量基础设施（NQI） 128

三、质量强国的建设方向 139

第6章　建设质量强国的主要任务和建设途径

一、质量强国概念的由来和发展 147

二、建设质量强国的路径 148

第7章　积极营造建设质量强国的社会环境

一、质量与消费 175

二、质量与经济 177

三、质量与诚信 180

四、质量与品牌 182

五、质量与文化 187

六、质量与安全 194

七、质量与国际合作 199

第8章　强国战略的全球视野

一、全球化时代的经济挑战：和平占领市场的有力手段 205

二、科技革命的产物：质量是核心竞争力 209

三、全球化时代的标志：质量文化的软实力 214

四、自立于强国之林的特色：质量管理理论的创新 224

第9章　前景展望：质量强国与高质量发展

一、质量强国是高质量发展的重要组成部分 235

二、我国已经具备建设质量强国的主客观条件 238

后　记 247

前　言

质量是人类社会进步的产物，是人类文明的智慧结晶，体现着人们对美好生活的向往。2021年9月16日，国家主席习近平向中国质量（杭州）大会致贺信指出，质量是人类生产生活的重要保障。人类社会发展历程中，每一次质量领域变革创新都促进了生产技术进步、增进了人民生活品质。

新时代，我国社会的主要矛盾已经转化为人民日益增长的美好生活需要和不平衡不充分的发展之间的矛盾，人民的物质文明需求已经体现为新的性质、新的内容、新的水准。广大消费者基本需求向吃好、穿好、行好、住好、医好、玩好等转变。美好生活的需要，对物质消费、文化生活、精神追求提出更多、更高要求。建设质量强国，成为新时代的呼唤。

第一次工业革命以来，西方强国发展走过不同的道路，但无一例外地站在质量的基石之上，形成强大的国际竞争力，国运因质量而改变。今天，"国家强，质量必须强；民族兴，质量必须兴"已经成为世界各国普遍共识。

中华民族追求质量的历史源远流长，创造了手工业时代的绚烂与辉煌。新中国成立后，党领导下的质量事业不断发展壮大、质量水平不断提升。新形势下，中华文明因为质量的发展而积淀，中华民族因为质量的卓越而精彩。党的十八大以来，以习近平同志为核心的党中央高度重视质量工作，多次强调要切实把推动发展的立足点转到提高质量和效益上来，把提高供给质量作为供给侧结构性改革的主攻方向，把全面提高产品和服务质量作为提升供给体系的中心任务。党的十九大作出我国经济已由高速增长阶段转向高质量发展阶段的重大判断，"质量强国"成为实现中华民族伟大复兴的题中之义，是经济社会发展的迫切呼唤。

为深入学习贯彻习近平总书记关于坚持质量第一、建设质量强国等一系列重要论述，强化当代青年质量意识，号召当代青年投身质量时代，形成人人关心质量、人人创造质量、人人享受质量的良好社会氛围，推动我国尽快成为质量强国，特编写《建设质量强国》一书。

本书共九章，在阐明基本概念的基础上，分析建设质量强国的重大意义、世界强国的质量路径、我国近代以来质量发展历程和当前质量发展基本概况，提出从历史、文化、教育、社会等多纬度推动质量发展，并对质量强国美好前景做了展望。

本书的编写，希望帮助读者达到以下目的：一是从基本概念看质量，普及质量基本知识和质量安全常识，了解计量、标准、认证认可、检验检测等基本概念。二是回顾历史看质量，从我国质量文化的深厚底蕴中探寻、总结我国质量发展的经验，推动产品质量、工程质量、服务质量的水平不断提升。三是放眼全球看质量，理解我国建设质量强国的重大历史意义和战略选择。四是着眼未来看质量。青年强、国家强，青年重视质量，未来充满希望。希望本书在青年一代中播撒质量种子，凝聚起建设质量强国的磅礴力量，坚定我们走质量强国之路的信心和信念，共同打造"质量强国、美好生活"的壮美图景。

第 1 章

质量与质量强国的概念

质量是人类生产生活的重要保障。人类社会发展历程中，每一次质量领域变革创新都促进了生产技术进步、增进了人民生活品质。

——国家主席习近平向中国质量（杭州）大会致贺信指出（2021年9月16日）

一、万里长城永不倒的质量密码

"万里长城永不倒,千里黄河水滔滔……"每当这首熟悉的歌曲响起,每一个中国人都会油然而生一种自豪感。但你可曾知道,作为中华民族精神象征和文化符号的长城,是如何做到历经千年日晒风吹、雨雪侵蚀而屹立不倒的?

(一)长城:中国质量的经典符号

几千年中华文明史,战火连绵不断。中原王朝对抗北方游牧民族的战争更是贯穿整个中国古代史。为了实现自我保护,中原汉族统治者想到要修筑一道长长的高墙作为防御工程,以期一劳永逸地把敌骑挡在边境线外。史料记载,早至西周时期,长城就已经开始修建了。西周末年周幽王"烽火戏诸侯",是最

* 长城(林鸣摄)

早的关于长城的典故。到春秋战国时期，各诸侯国在边界修筑互防长城的同时，也在北部修筑"拒胡长城"。此后历代君王几乎都会对长城进行增修、加固。

秦统一六国之后，秦始皇下令将原秦、赵、燕北部的长城连接起来，并加以扩展修缮，第一次形成了一条西起临洮、东至辽东，绵延一万余华里的长城，万里长城由此成形，也留下"孟姜女哭长城"的凄凉传说。后朝代更迭，民族逐渐融合，长城的军事价值逐渐降低。直到明代，统治者又重视起长城防御功能，遂大兴土木，或依托原有长城修筑，或另选址再建，长城又变得完整，恢复宏大规模。我们现在见到的长城，多为明代修建。

从文献资料中看，历史上参与修筑长城的诸侯国和封建王朝超过20个，其中秦、汉、明三个朝代所修长城的长度均超过一万华里。长城因历史悠久、长度惊人、工程浩大而被称为"世界七大奇迹"之一。

长城之所以能够成为"奇迹"，一个根本的支撑或者说要素，是质量，是它历经风雨沧桑后的巍然屹立。

长城是由一块块方砖垒砌而成，怎样让砖块既具有石头的坚固性和抗冲击性，又克服石头易裂易碎不耐侵蚀的弱点呢？中国古代工匠发明了一种特殊材料——糯米砂浆。其做法是将糯米熬成粥状，加入熟石灰、碎砂石搅拌，再倒入模具成型。这样制成的砖硬度韧度兼具，与现代建筑用水泥差不多。有研究者认为，糯米砂浆或许是世界上第一种将有机材料和无机材料结合在一起制成的复合砂浆，可视为人类历史上伟大的技术创新之一。

事实上，糯米砂浆并非只用来制造长城用砖，中国古代工匠在很多领域都用到了它，比如修建墓穴、佛塔等。许多中国古代建筑都像长城一样，从建成到现在历经数百年、上千年仍保存完好，有些建筑甚至用现代的推土机都难以推倒，还能承受强度很大的地震，便得益于使用了这种材料。

当然，除了创新使用特殊材料，能够为长城用砖提供高质量保证的，还有严格的质量管理制度。据史料记载，秦始皇下令修筑长城，让大将蒙恬当"工头"。为了保证工程质量，蒙恬制定了一套严苛的管理机制。比如，将制砖任务分派给不同的工匠，当工匠拿出成品后，要对样品进行质量检测——各工匠用样品互敲，破损者会受到严厉处罚。在这种责任到人、追责到位的质量管理制度下，没有谁敢掉以轻心，都力争把交到手头的活做到最好。

毋庸讳言，万里长城成为屹立千年不倒的奇迹，是由无数古代劳工付出智慧、汗水乃至生命代价换来的。包括秦始皇在内在历代帝王，为了王朝稳固劳民伤财修筑长城，应是"罪在当时"，但长城作为具有世界意义的历史遗存，成为中华文化的精神象征和中国质量的经典符号，也算是"功在千秋"了。

（二）质量：中华文明的重要基因

窥一斑而见全豹。长城是凝固了的质量符号，其绵延万里、屹立千年，可以代表中华文明广播大地，质量基因传承有序。

当然，作为中华文明最内核的构成部分，质量基因所附着者，还是一些日常生活用品。

大家都知道，在英文中，china这个词有两个含义，一是中国（英文首字母大写），二是瓷器（英文小写）。在西方人的观念里，"瓷器"虽然只是一种物品，但它却可以成为"中国"的特征或属性。不言而喻，"瓷器"的品质就是"中国"的品质，"瓷器"的质量内涵就是"中国"质量文化的外在体现。

中国瓷器中品质最高者，当出自官窑。正是由于中国制瓷史上存在官窑这一特殊生产形态，中国瓷器才在世界文化史上保有其他任何国家都难以企及的尊贵地位、品牌形象。官窑瓷器凭其高超的工艺、大师的匠心、完美的质量，又为"中国制造"的传统与历史写下浓重的一笔，也成为中国质量传统的最佳见证之一、象征之一。

官窑瓷器的高质量取决于其产品的供应对象。宫廷作为官窑瓷器特殊而唯一的消费者，不仅握有对产品质量的最终裁定权，还握有依产品质量对生产者的赏罚权。怎样赏，相关历史资料很少提及，但得到宫廷的使用无疑是最高的褒奖；相应的，罚是非常苛刻的——送到宫廷那里的瓷器一旦被发现存在质量问题，相关者都要面临严厉的处罚，从经济处罚到刑事处罚，最重可致杀头。因此，官窑瓷器在产品质量管理上，追求的是绝对的零缺陷。产品出现任何微小的瑕疵，都会被弃用、被销毁。有这种严格的检验与验收标准，官窑"十窑九不成"的说法一点也不为过。

严惩重处只能算是一种外部监管手段，要实现产品质量零缺陷，关键是在内部有一套质量管理方法。这套质量管理方法，就是以"物勒工名"为典型特征的质量责任制度。

《吕氏春秋》有这样一段话："物勒工名，以考其诚，工有不当，必行其罪，以究其情。"意思是工匠制造器物，要在器物上刻上他的名字，如果发现存在质量问题，就要按情况追究其责任。这是关于"物勒工名"最早的文字记载，说明我国质量责任制度早在2200多年前的春秋时期已经建立。

秦始皇灭六国实现大一统后，质量责任制度得到进一步完善。秦法规定，所有官造器物都必须铭刻制造者和管理者的名字，并且在中央政府专门设置了负责产品质量的官职"大工尹"，其职责是严格按照秦法对产品进行质检，追查不合格产品的来源，处罚相关责任人。

秦之后，历朝历代都沿袭并不断完善"物勒工名"的质量责任制度。在这一制度之下，计量、标准、检验检测等质量基础设施也伴随发展，渐成体系。比如，基于统一的质量管理理

* 兽面纹方罍，商朝。1976年陕西省城固县出土（李刚摄）

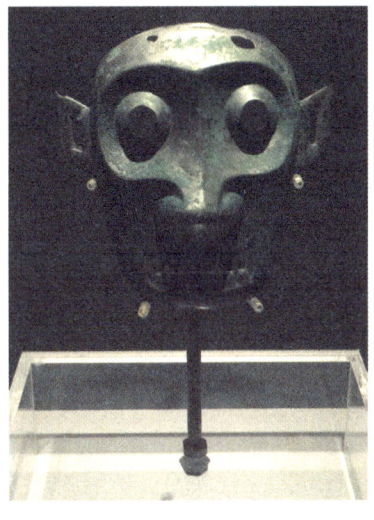

* 铜人面具，商朝。1976年陕西省城固县出土（李刚摄）

念，秦实行了"一法度衡石丈尺，车同轨，书同文"，开创了中国标准化制度建设的先河。现在大家比较熟悉的产品质量"黑名单"制，事实上就是"物勒工名"的延伸发展；同时，传世精品上留下的"工名"也让许多精工良匠和称职官吏载入史册，成为"工匠精神"的代表。

正是有质量责任制度作保证，有精益求精的工匠精神作支撑，我国数千年历史发展赓续不断，产出名扬四海的玉器、青铜器、瓷器、丝绸等产品，铸就了东方文明古国灿烂的文化。

"忘记历史就意味着背叛"，把这句话放在质量领域也颇具真理性。就现状而言，部分"中国制造"产品给人的总体印象是质量不够好，有人将原因归结为中国市场经济起步时间较晚，缺少西方发达国家经由两百多年工业文明熏陶的成熟的产业工人队伍以及表现为其基本素质之一的质量意识，这样说有一定道理。然而，有人将这种观点进一步推演，甚至推向极端，认为中国根本就缺乏质量传统，并将西方现代质量管理体系在目前中国一些企业推行不力的原因归结于此，却是非常错误的，是中国传统质量文化虚无主义的表现。这既是对中国历史文化的无知，也与"中国制造"的现状不符。

我们必须肯定的一个事实是，在世界质量史上，中国瓷器及其他类似产品生产领域的质量责任制度史，不仅应该占有很重要的地位，而且应该引起现代质量管理学界的关注。对于中国的许多企业来说，要提高产品质量，增强产品的市场竞争力，在学习西方现代质量管理理论和方法的同时，内蕴于中华文明的传统质量理念同样值得大力借鉴、弘扬。

二、质量是人类社会发展的永恒主题

明白了质量对于一个民族、一个国家的重要性，就应该重视质量。而重视质量，首先要知道什么是质量。让我们接着上一节（古代社会），从工业社会（近代社会）说起：产品质量是工业标准化的产物。

18世纪瓦特发明蒸汽机之后，动力广泛用于生产，工业就此诞生，机械化大生产而产生的产品，可以大量满足人们的生产和生活需要，把人类文明带入一个新的时代。而批量生产，就带来了产品可靠性、零部件互换性、质量安全性等问题，解决问题的出路就是标准化。由标准化又带来计量的精准性问题、计量器具一致性问题、计量器具的溯源问题（标准物）……由此产生检验检测、符合性评价等一系列质量管理问题。

历史发展到现代，产品质量已深深地嵌入我们的生活。衣食住行，汽车火车飞机飞船，枪炮火箭军舰航母，都有质量。质量工作无处不在，产品质量无处不在，有生活有生产的地方就有质量。

展望世界和未来，质量更是与我们一路相伴。有质量专家说，质量是人类永恒的主题。

（一）质量的概念：广义质量与狭义质量

人们从不同的角度或范围使用质量这一概念，就会对质量有各种不同的定义。概括而言，质量可分为广义质量和狭义质量。

1.广义的质量

我国国家标准GB/T 19000：2016（等同于国际标准

ISO 9001：2015）对质量定义是：客体的一组固有特性满足要求的程度。这是一个广义质量概念。

在这一质量定义中，"客体"一词表示质量的载体，说明质量可以存在于不同领域或任何事物中。人们经常说到的产品质量、服务质量、工程质量等，客体比较直观；而教育质量、体育质量、环境质量等表述，其中的质量客体就比较抽象一些。也就是说，质量既可以是可触可感的以实物形式存在的质量，也可以是某种活动或者某项工作的感受性质量。

定义中的"特性"，是指事物特有的属性。固有特性，是事物本来就具有的特性，如一只水杯，其材质（钢、玻璃、塑料、瓷等）具有的物理属性，外观呈现的形状（圆柱形、棱柱形、带把手等），人的感官反应性（触感、嗅觉、握持感等），以及其他一些性状等，它们均可以作出量化表述。与固有属性相应，客体还具有非固有属性，比如价格、价值、艺术性等，这些属性一般是"后天"的、人为赋予的，可称为赋予属性。

"满足要求"就是客体所具有的属性合乎明确的或未明确的需要和期望。比如，一只保温杯，它除了具有可装水的功能外，还需满足保温的要求。当然，作为一只喝水杯，它首先要满足一些基本的要求，如制杯的材料不含有毒有害物质、禁得住一定的撞击、耐受一定的温度等，这些要求一般都会在法律法规、产品标准、行业规则中体现。

只有全面满足这些要求，才能被评定为好的质量或优秀的质量。若满足不了要求，或者说满足要求的"程度"不足，那么从客户角度来说，该事物"质量不高""质量不好"。显然，质量是可以进行评价的。

人们对物质生活的需求具有一定的主观性，因此质量满足要求的程度并不会一成不变，它会因时、因地、因诸多主观状态不同而发生变化。在这个意义上，质量是动态的、相对的、发展的。

2.狭义的质量

狭义的质量指产品质量，即产品的特征和特性满足顾客和其他相关方要求的能力。产品质量是由各种要素组成的，这些要素亦被称为产品所具有的特征和特性。不同的产品具有不同的特征和特性，其总和便构成了产品质量的内涵。

顾客和其他质量要求往往随时间变化，与科学技术的不断进步有着密切的关系。这些质量要求可以转化成具有具体指标的特征和特性，通常包括使用性能、安全性、可靠性、适用性、经济性等几个方面。

仍以一只喝水杯为例。其使用性能是指在一定条件下，基于材料的物理属性而能达成的可盛装水、可由人握持等功能；安全性是指在使用、储运、销售等过程中，不易碎裂，不会对人体造成伤害等；可靠性是指在保质期内或另外限定的时间内，持续保持其达成喝水等原初使用功能的能力；适用性是指杯子大小、重量、容量、结实程度等，便于消费者携带、使用；经济性是指杯子的设计、制造、使用等各方面所付出或所消耗成本的程度，亦包含其可获得经济利益的程度，即投入与产出的效益能力。

（二）质量的相对性

从质量的概念看，其"满足要求"的属性决定了其必然具有相对性，这是因为"要求"是主观的、可变的，因而也是相对的。同样是喝水杯，有人特别注重密封性，有人喜欢玻璃材质的，有人则要求能保温，有人需要几个杯子以满足不同功能……人的要求不同，其对质量的评判标准也就不同。"要求"有很强的主观色彩，这也意味着产品满足要求的特性并非越强越好，而是要达到"最佳"状态。

这个"最佳"状态，由不同客户和其他相关方的不同需求决定。一般观点认为，产品质量越高越好，质量越高价值也就越高。但实际上，这种观念不一定正确，或者说现实中不一定可行。质量高的产品并不一定在市场上受欢迎，因为质量高价格也高，而许多消费者却希望购买质量稍次但价格便宜的产品。特别是在一些区域市场（如相对不发达的国家或地区的市场），消费者的质量评价标准往往是"价廉物值"，而不以"物美"为第一追求。

质量的相对性也让市场分出不同的层次。这就要求企业在开发生产产品时，要做好质量定位。质量是产品的主要衡量标准，质量的好坏直接影响到企业的产品在市场上的竞争力。因此，企业在开发生产产品时，应根据市场需求的实际状况确定产品的质量水平。在进行质量定位时，要考察质量的边际效益，即质量的边际投入和边际收益应正相关。也就是说，花在质量提高上的每一元钱，都争取获得多于一元的收益。

（三）质量与标准

质量具有相对性，是否就表示质量不可判定？当然不是。质量的优劣是满足要求程度的一种体现，因此，质量是可以比较的，而且必须进行比较，以区分优劣。这时候就需要一个关键的东西——标准。

产品质量表现为不同的特性，对这些特性的评价会因主观条件、客观条件而异，为了避免受主观因素影响，在生产、检验以及评价产品质量时，需要有一个基本的依据、统一的尺度，这就是质量标准。

产品的质量标准是根据产品生产的技术要求，将产品主要的内在质量和外在质量作出量化规定。这些标准体现为一系列技术参数，成为衡量产品质量高低的基本依据，也是企业生产产品的统一参照。

按照我国《标准化法》的分类，标准分为4种：国家标准、行业标准、地方标准、企业标准。各标准层次之间有一定的依从关系和内在联系，形成一个覆盖全国又层次分明的标准体系。

对于需要在全国范围内统一的技术要求，应当制定国家标准。国家标准由国家标准化管理委员会编制计划、审批、编号、发布。国家标准代号为GB和GB/T，其含义分别为强制性国家标准和推荐性国家标准。

对没有国家标准又需要在全国某个行业范围内统一的技术要求，可以制定行业标准，作为对国家标准的补充，当相应的国家标准实施后，该行业标准应自行废止。行业标准由行业标准归口部门编制计划、审批、编号、发布、管理。行业标准的归口部门及其所管理的行业标准范围，由国务院行政主管部门审定。

对没有国家标准和行业标准而又需要在省、自治区、直辖市范围内统一的要求，可以制定地方标准。地方标准由省、自治区、直辖市标准化行政主管部门统一编制计划、组织制定、审批、编号、发布。地方标准也有强制性与推荐性之分。

需要特别说明的是企业标准。企业标准是对企业范围内需要协调、统一的技术要求、管理要求和工作要求所制定的标准。企业标准由企业制定，由企业法人代表或法人代表授权的主管领导批准、发布。一切正式批量生产的产品，凡是没有国家标准、行业标准、地方标准的，都必须制定企业标准。企业也可以直接采用国际标准、国外先进标准，但企业标准不得与国家标准、行业标准等相抵触，而且企业标准的要求不得低于相应的国家标准、行业标准、地方标准的要求。

把产品实际达到的质量水平与规定的质量标准进行比较，凡是符合或超过标准的产品称为合格品，不符合质量标准的称为不合格品。合格品中按其符合质量标准的程度不同，又分为一等品、二等品等。不合格品中包括次品和废品。

（四）产品质量的实现

1.质量是不是检验出来的

质量当然与检验有关，这让我们产生一种印象——质量是检验出来的。质量是一个相对概念，但判断质量好坏毕竟是有标准的。就产品而言，符合生产标准是最低要求。

然而，符合标准的"合格"产品，不一定能够满足市场需求，而不能满足市场需求的产品显然不能称为高质量产品。如果产品设计和开发的创新与市场的实际需求存在偏差，或者产品设计的功能、质量目标定位不当，或者产品的销售导向及服务不尽如人意，那么即使生产过程完全按照标准要求进行，生产出来的产品仍不能满足消费者的使用要求，而从消费者角度看,这种产品很无用,自然难称质量好。

任何产品最终都要经过消费者检验,其质量水平应取决于满足消费者需求的程度。在这个意义上说,产品质量不是单纯检验出来的。如果企业只是注重产品出厂前的检验环节,并以此来保证产品质量,那么这样做是低效益的,甚至可以说是对资源的浪费。产品质量是产品实现全过程的结果,产品质量有一个从设计、配料、生产、形成到实现的过程,在此过程中的每一个环节都直接或间接影响到产品的质量。

2.企业要确立质量目标

保证产品质量需要做好生产全环节的工作,做好通盘考虑,这就要求企业必须制定质量目标,用目标管理促进完成质量任务。要想使质量目标真正地符合企业的实际情况,在管理中起到作用,需要对质量目标涉及的问题进行综合考虑。

许多企业都会提出自己的质量理念,制定质量方针。这些质量理念或质量方针应成为制定质量目标的依据和参照,并与之保持一致。如果质量方针体现"开拓创新"理念,那么质量目标就应往推出一些产品创新的方向努力;如果质量方针体现"尊重用户"理念,那么质量目标就应往提高用户满意度的方向努力。

确立产品质量的目标应符合市场需求实际和企业自身实际,既不能太高,"跳一跳"都够不着;也不能太低,轻轻松松不怎么用心费力就能达成。要充分研判企业生产经营情况和市场发展趋势,确定既可以实现增值效果又可以调动员工积极性的远期和近期质量目标。

当然,企业质量目标并非一旦确定便不可更改。如果客观情况发生变化,质量目标也要相应调整。这就需要企业建立质量目标评审机制，根据各种情况定时或不定时地对质量目标的适宜性、充分性、有效性等方面进行评审，若发现问题则进行微调，使质量目标始终具有针对性。事实上，市场需求是千变万化的，企业质量目标需要不断地微调以适应市场。

3.企业要有明确的质量要求

产品质量是一个实现过程，而每一个过程环节都需要有保证质量的具体要求。

质量要求是指对产品需要的表述或将需要转化为一组针对实体特性的定量或定性的规定要求，以使其实现并进行考核。简言之，质量要求就是企业要明确要怎么做、不要怎么做。最基本的"要怎么做"，就是企业生产经营要遵守国家法律法规标准要求。其中的禁止性规定，就是"不要怎么做"，比如不能伪造产品产地，不能伪造或者冒用认证标志，不能在产品中违规使用添加剂，不能偷工减料、以次充好等。而在企业内部，还应提出更高的质量要求，毕竟法规标准只是底线，要在质量管理制度、岗位质量规范、质量责任制等方面拉出高线。

企业的质量要求要以满足客户需求为依据和出发点。这就要求必须首先搞清楚客户的需求是什么，并研究这些需求的细节，将其转化为质量要求数据，形成具有可操作性的规范文书，成为设计、生产产品及提供售后服务的依循。

（五）质量的社会意义

质量是企业的生命，是决定其市场竞争力的根本要素之一。这已经成为广大企业的基本共识。

企业要想赚取更多的市场利润，必须要让自家的产品在市场上受欢迎，拥有较高的市场占有率。怎样才能受欢迎？企业的产品或服务能够满足更大范围消费者（顾客）的需求，亦即在质量表现上要优于其他同类产品或服务。这可以称为"相对质量"优势。与此相应的，还有"相对价格"优势。依靠更低的价格拥有市场占有率，在初级市场或低层次市场是管用的，但"相对价格"优势有较大的市场局限性，且不可持续。一旦进入更高级的市场层面，价格对客户的影响力则会降低。

目前来看，随着科技革命进程加快和全球经济快速发展，主要市场领域的竞争已经从价格竞争转向质量竞争。一般认为，价格、质量、交货方式（交货期和地点）是影响用户购买行为的三大因素。就重要性而言，大多数经济学人士接受这样的排序：质量、交货方式、价格。在未来市场发展过程中，这种排序不会发生根本性变化，质量的基础性地位还会更加稳固。这一市场转变趋势不可逆。

质量的重要性不仅体现于企业生存发展过程中，其对一个国家乃至全球经济发展的意义也不容小觑。这一点可以从美国著名质量管理大师朱兰博士提出的"质量和综合生产率"关系论中得到清晰体现。朱兰博士认为，现代工厂企业和办公室中新的工作形式，以及现代市场对质量的要求，日益扩大着生产率概念的范围。传统的生产率概念是以工厂为主，着重于用"单位资源的投入得到更多产品或服务的产出"。现代的生产率概念则是以市场为主，着重于用"单位资源的投入得到更多、更适销、更好的产品或服务的产出"。二者在经营管理目标、衡量经营管理绩效的单位，以及生产率规划的重点等方面都有根本的差别。质量与效率兼顾，不仅是企业的共同追求，也成为各个国家制定经济发展战略及经济政策的根本原则。

三、质量强国的内涵与价值

（一）质量强国的内涵

质量问题是经济社会发展的战略问题。质量问题事关转型发展，事关民生民心，事关国家形象，事关党的执政基础。

从世界近现代史看，目前已经进入"发达"行列的国家，在其达成这一现实的过程中，基本都花费了以百年计的时间来做好一件要事：提高质量。英国、德国、美国、日本、韩国……这些国家都曾在某一个重要阶段不遗余力地加强质量工作，特别是两次世界大战前后，质量建设甚至成为上述国家的国家战略。他们的成功经验表明，重视质量发展是一个国家走向强盛的必由之路。

推进质量强国建设，增强我国经济发展的质量优势，是我国实现高质量发展，实现中华民族复兴伟大中国梦的根本性举措。

"加快建设质量强国、制造强国。"2016年的全国"两会"上，建设质量强国首次出现在政府工作报告中。随后的"十三五"规划纲要再次明确提出"实施质量强国战略"。2016年5月19日，中共中央、国务院印发《国家创新驱动发展战略纲要》，提出"推动质量强国和中国品牌建设"，这是党中央、国务院首次发文提出建设质量强国。2017年9月5日，《中共中央 国务院关于开展质量提升行动的指导意见》印发，再次明确提出要"实施质量强国战略"。2017年10月，中国共产党第十九次全国代表大会召开，在党的十九大报告中，明确提出建设质量强国，这也是"质量强国"首次出现在党代会报告中。

2021年3月11日，十三届全国人大四次会议表决通过的《中华人民共和国国民经济和社会发展第十四个五年规划和2035年远景目标纲要》提出，坚持把发展经济着力点放在实体经济上，坚定不移建设制造强国、质量强国，提高经济质量效益和核心竞争力。这意味着，"十四五"时期的5年，乃至到2035年的更长时期，我国将继续大力推进质量强国建设。

我国重视质量强国建设，大力实施质量强国战略已是重要国策。而要建设质量强国，首先要搞清楚什么是质量强国。

质量强国是个比较概念。一个国家质量强不强，主要是跟

* 贵州省黔南布依族苗族自治州的平塘特大桥，全长2135米，主塔高322米，是中国建造的全球最高大桥。大桥采用三塔斜拉设计，发明并运用多项新的建桥技术；桥塔为倒A形塔柱，塔体两面架设几十组不锈钢钢索，呈钻石形分布，被誉为"天空之桥"（蒲锐摄）

其他国家相比。实现质量强国目标，比的当然不是弱国，而是主要发达国家，要在经济社会发展的各个领域，特别是产品质量、工作质量、服务质量等方面，与发达国家看齐。质量强国的比较意味也体现在时间跨度上。从时间轴上看，"强"是先前"不强"的对应，也是一种否定，换句话说，就是对过去旧有的质量状态的根本性改观。我们追求的质量强国，是一种基于全新发展动能，全社会整体质量水平有根本性提高，经济迈向中高端的状态。

质量强国体现在产品方面，可以从满足需求和市场竞争力两个维度进行判断。从满足需求维度看，质量强国体现为产品、服务、工程等领域的质量明显提高，质量问题得到有效治理，高附加值和优质服务供给比重大幅度提高，人民群众对质量的需求得到很好满足；从市场竞争力维度看，质量综合实力比肩发达国家，中国制造、中国服务等在全球市场拥有很高的占有率，且口碑很好，主要市场领域都有中国跨国企业活跃的身影，它们拥有很强的话语权，很高的品牌知名度和美誉度。

当然，质量强国是一个整体概念，其内涵十分丰富。就我国而言，达成质量强国的目标，有一些基本标志："中国制造"产品品种齐全、质量可靠、性能优良；大中型企业管理卓越、创新能力强、品牌影响力大；现代产业结构优化、技术先进、清洁安全、附加值高、核心竞争力强；质量工作体制机制健全、管理科学、运转高效、保障有力；质量人才队伍满足现代质量发展需求，涌现一批具有国际影响力的质量专家；拥有一个法制健全、公平竞争、优胜劣汰的市场环境；拥有一个人人追求高质量、人人享受高质量的社会氛围。

（二）质量强国的价值

新时代我国经济发展的基本特征，就是由高速增长阶段转向高质量发展阶段。

党的十九届五中全会通过的《中共中央关于制定国民经济和社会发展第十四个五年规划和二〇三五年远景目标的建议》明确提出，"十四五"时期经济社会发展要"以推动高质量发展为主题"。这指明了我国经济社会发展的目标方向与价值取向。

我国仍处于并将长期处于社会主义初级阶段，仍然是世界上最大的发展中国家，发展仍然是第一要务。但发展的目标导向已经发生了变化，从追求高速增长转向追求高质量发展。实践证明，推动高质量发展是遵循经济发展规律、保持经济持续健康发展的必然要求，是适应我国社会主要矛盾变化和全面建成小康社会、全面建设社会主义现代化国家的必然要求。

质量强国是目标追求，也是方向选择，建设质量强国是努力过程，也是必由之路。经过40多年改革开放，我国目前已经进入高质量发展阶段。再经过一个时期的努力，质量强国将由理想变成现实，这既是我们努力之后的应有回报，也是高质量发展的逻辑结果。

随着全球工业化进程日益加深，产业、产业链和产业竞争均向着高级化、现代化和高端化方向发展。我国经济社会发展在"十三五"时期已经呈现出工业化中后期的阶段性特征，在这个时期提出并确立建设质量强国的战略思路，显示了党中央的审时度势和远见卓识。而"十四五"时期，我国继续坚定不移地推进质量强国建设，既是保持政策连续性的需要，也是我们党尊重并善于把握经济社会发展规律的体现。

建设 质量 ⎯⎯⎯→ 强国

　　我国经济社会发展虽然已经取得了巨大成就，但依然存在发展不均衡不充分的问题。着力解决好发展不平衡不充分问题，是满足人民在经济、政治、文化、社会、生态文明等方面日益增长的需要，更好推动人的全面发展、社会全面进步的根本要求。而这些问题的解决，必须建立于经济充分发展之上，建立于各经济领域工业化程度不断加深，建立于完成以高新技术为突出特征的新型工业化。这就要求必须以更大力度推进质量强国建设，突出强调坚持把发展经济的着力点放在实体经济上，坚持实体产业以我为主，坚持突出重点领域，坚持优化支撑保障，促进实体经济领域核心技术自主创新突破，夯实科技创新坚实的产业基础，缩小我国在实体经济领域与发达国家的差距。

　　当前，新冠肺炎疫情的影响仍在延续，国际贸易受到冲击，全球经济进入下行通道。面对严酷的外部环境和复杂的贸易形

* 科技驱动发展，科技引领未来（王嘉摄）

势，党中央、国务院提出构建"以国内大循环为主体、国内国际双循环相互促进的新发展格局"的重大决策。建设质量强国对于构建"双循环"格局发挥着至关重要的作用。抓住质量这个关键，将建设质量强国的政策落地、落实、落细，把产品质量搞上去，让"中国制造"对中国老百姓更有吸引力，在国际市场更有竞争力，不仅可以为拉动内需提供动力，还可以为外贸稳定提供支撑，从而实现以质量为经济发展赋能。

改革开放以来，特别是进入中国特色社会主义新时代，中国共产党领导和我国社会主义制度优势进一步彰显，各项事业取得突飞猛进发展，经济实力、科技实力、综合国力跃上新的台阶，经济运行总体平稳，经济结构持续优化，"十四五"时期建设质量强国具备了充分的条件，迎来了历史性机遇。

第 2 章

时代的呼唤：建设质量强国

人民对美好生活的向往，就是我们的奋斗目标。

——习近平总书记在庆祝"五一"国际劳动节大会上的讲话（2015年4月28日）

一、世界一流：质量强国的目标方向

"质量强国"的目标方向体现为两个方面，一方面，依靠质量提升推动建设社会主义现代化强国，正所谓质量强则国家强，质量兴则民族兴，将质量融入社会主义现代化强国建设的时代轨迹，融入中华民族伟大复兴的历史征程。另一方面，努力提升质量，不断追求卓越，在产品质量、品牌建设、人才队伍、技术与管理等方面达到国际先进水平，实现世界一流。

（一）提升质量是促进经济转型升级的"推进器"

一个经济体发展到一定阶段，势必面临增长的动力转换性变化，传统动力逐步消退，新的动力尚未真正形成，如果处理不当，就会使宏观经济结构出现较为严重的失衡。如何推动经济从粗放向集约、从简单分工向复杂分工的高级形态演进？主要方向是供给侧结构性改革，实现动力转换，促进经济形态演进中的新动力形成。这期间，创新和质量是两大关键"变量"，必须统筹发挥这两个要素的作用，实现从技术到产品，再到产业的成长链条的整体破壳。通过科技创新，可以突破产品更新换代的问题；通过质量提升，可以提高产业链一致性和可靠性。产品稳定性、可靠性提高了，生产和使用中资源能源消耗大、环境污染严重等问题解决了，就能够直接提高生产和投资效率，提升产品在国际市场的信誉和形象，增强在国际竞争中的新优势。经济转型时期，如果不能明显地实现以提高产品质量为主体的经济增长，就会严重影响下一个经济周期的有效增长，阻碍经济发展层次的提高和国家综合实力的增强。

（二）提升质量是经济社会转型发展关键时期的重大选择

许多国家在经济转型期，都把提升质量摆在重要的战略位置来抓。1871年，德国实现统一。当时世界市场几乎被瓜分完毕，夹缝中求生的德国人"不择手段"地仿造或假冒英、法等国的产品，引发英国举国上下的怨言。1887年，英国议会通过商标法条款，规定所有进口到英国的产品都须注明产地国。德国货必须标上"Made in Germany"，以此将德国产品与英国产品区分开来。德国人把这个规定当成羞辱，开始发愤图强，从大学教育普及、标准化推广、装备设备提升、诚信体系建设、品牌建设等多角度加强质量工作，几十年间德国制造业迅速崛起，在全球确立了"德国品牌，质量一流"的国家形象，打造出奔驰、宝马、西门子等一大批世界级知名品牌。今天，德国在电子、汽车、机械、化学等传统领域，创造了1130个"隐形冠军"企业，"德国制造"成了所有德国人的骄傲。

无独有偶，许多人不知道的是，"二战"后的日本"东洋货"曾一度成为劣质货的代名词。索尼公司的创始人盛田昭夫在他的回忆录里就曾说过："我们就是仿冒和劣质的代名词，任何印有'日本制造'的商品都给人留下了质量极差的印象。在创业初期，我们总是把产品上'日本制造'这行字印得尽可能地小，有一次因为太小了，美国逼着我们把它重新印大。"当时，日本南部有个小城叫宇佐市，既没有资源优势也没有港口便利，但几年时间却有上百家日本工厂在此开工，主要原因是"宇佐"的英文写作"USA"，在宇佐制造的产品都可以印上"Made in USA"的商标出口海外，从而冠冕堂皇地"冒充"美国制造。为了改变质量困局，日本政府主导实施了"质量救国"战略，在全国范围内推广全面质量管理，至20世纪70年代末日本已建立70万个QC（质量管理）小组、有500万名员工参与，使得日本产品质量水平赶超欧美，大量进入全球市场。据统计，日本100年以上企业有25321家，1000年以上企业有21家[1]。世界著名质量管理专家朱兰博士在评价这段历史时不由得感叹："日本的经济振兴是一次成功的质量革命。"

在美国200多年的历史发展中，一直重视质量理论和技术应用，形成了统计过程控制（SPC）、标杆比较（Benchmarking）等享誉全球的质量管理方法，也为美国产品参与国际竞争发挥了重要作用。但20世纪80年代后，日本产品大规模崛起，以质量可靠、经济耐用赢得与美国产品的竞争，大举进入美国市场，导致美国产品在本土的市场占有率大幅下降。比如在汽车行业，通用、福特和克莱斯勒三大汽车公司都惨败于日本汽车公司。克莱斯勒甚至不得不申请破产保护，这在被称为"汽车王国"并以汽车产业为豪的美国，引起强烈震动。美国各主要媒体发起了以"日本能，为什么美国不能"为主题的质量大讨论。

美国政府意识到："若想在世界上处于领导地位，获得质量领域的领导地位是至关重要的，经济上的成功取决于质量"。1987年8月，美国颁布"质量振兴法案"，批准设立了马尔科姆·波多里奇国家质量奖，激励美国企业提高产品质量、劳动生产率和市场竞争力。据美国商务部估算，美国政府

1.陈海峰：《把质量文化建设放在更加突出的位置》，载《学习时报》，2018年4月13日。

2001年每投资1美元用以推广马尔科姆·波多里奇国家质量奖，就能获得207美元的收益，2011年这一收益比例甚至上升到1:820。1988年，美国国会通过决议，规定每年10月为其"质量月"，口号为"质量第一"。在一系列刺激质量提升的政策措施的引导下，20世纪90年代至2000年，美国GDP年均增长率达到4%，在1993年的国家竞争力排名中重新回到世界第一的位置。美国前总统克林顿评价，"质量振兴法案在使美国经济恢复活力以及提升美国国家竞争力和生活质量等方面起到了主要作用"。

（三）质量之争在于技术和标准之争

现代化国际贸易中，各国综合国力和经济发展的竞争不再仅仅基于自然资源的可利用性、地理优势和较低的劳动力成本，而是更多地基于市场渗透力。产品要打入市场或是占领国际市场，必须能够证明产品和服务的优质与安全，其中的评价依据就是标准的符合性。联合国工业发展组织、国际标准化组织等在总结质量领域100多年实践经验基础上，提出融计量、标准、检验检测、认证认可为一体的国家质量基础设施这一概念。其中，计量是基础，没有计量就没有科学，没有计量就没有现代制造；标准是质量的基础，标准决定质量，有什么样的标准就有什么样的质量，只有高标准才有高质量；认证认可和检验检测是工具，是对有关产品、过程、体系和人员的质量和服务是否符合标准而进行的第三方证明。

质量基础设施是一个整体概念，就像交通设施、水利设施等一样，构成了质量管理和质量评价的基础。很多人讲，三流企业

* 计量是科技创新、产业发展、国防建设、民生保障的重要基础,是构建一体化国家战略体系和能力的重要支撑。图为某电表检测实验室(王嘉摄)

做产品,二流企业做品牌,一流企业做标准,得标准者得天下。英特尔和微软正是通过控制中央处理器(CPU)和操作系统的标准,主导了全球计算机产业系统和产业链,牢牢控制住产生利润的最关键环节。华为强势推进芯片和系统研发,投入4亿美元和2万人组织技术强攻,将自主创新技术融入国际主流标准,实现了技术专利化、专利标准化、标准全球化,多项产品业界首创,很多全球知名公司都要向其缴纳专利许可使用费。

在新的世界贸易争端中,也有国家地区,以质量、安全、卫生、健康、环保和反欺诈为由,制定和实施相关技术标准及合格评定程序,以此排斥国外进口产品,保护本国产品的市场优势地位。在全球市场竞争有增无减、贸易摩擦频发的大背景下,提高质量标准,加强质量竞争,推动企业实施更高的技术标准、更严的规范流程、更优的检测认证，才能提升产品质量和产业层次，在国际市场竞争中立于不败之地。

（四）追求卓越才能不断超越

在现代经济中，经济领域竞争阵地开始转移，从广告大战、价格大战、营销大战，最终进入质量竞争、品牌竞争。提升质量成为新世纪许多国家的价值追求。质量的内涵更为丰富，从设计质量、制造质量、销售质量和售后服务质量，到原材料、零配件质量，再到成本、安全、环境保护质量，质量链条相互衔接、相互促进，追求卓越、不断超越。这就要求，一方面，实行综合的质量管理，开展大规模的质量提升活动，组织一线工人交流学习，在产品质量和内部管理质量提升上不断超越。另一方面，对质量优秀者给予奖励，鼓励企业实行比国家质量标准更高的企业标准，使产品质量精益求精，在产业链和价值链整合上不断超越。

20世纪50年代初，日本设立全球第一个国家质量奖——戴明奖后，其他国家和地区也开始设立质量奖。1974年挪威设立质量奖，1975年韩国设立质量管理奖，1982年爱尔兰设立国家质量奖，1984年加拿大设立卓越奖。

1983年9月，美国召开首届美国生产力会议，时任美国总统罗纳德·里根亲自主持会议，副总统老乔治·布什、商务部长马尔科姆·波多里奇以及美国生产力与质量协会会长格雷森、质量管理大师朱兰等参加会议。会议主要讨论美国政府能为全国的质量振兴主动做些什么。美国政府决定借鉴日本戴明奖的经验，设立国家质量奖，由美国总统、副总统以及商务部长亲自颁奖，由政府对在质量管理方面取得重大成就的企业或个人进行大张旗鼓的表彰，在全社会形成追求质量、精益求精的氛围。

各国在竞争中相互学习模仿。1992年，欧盟尚未正式成立，"欧洲质量奖"已悄然诞生。欧洲质量奖由时任欧洲委员会副主席马丁·本格曼倡议，自1992年起，每年颁发一次，由欧洲委员会、欧洲质量组织（EOQ）和欧洲质量基金组织共同发起，代表欧洲质量基金组织卓越水平中的最高水平。根据1996年4月俄罗斯政府决议，刚踏入市场经济时代的俄罗斯设立"俄罗斯联邦政府质量奖"，由政府第一副总理任授奖委员会主席。无论先进还是落后，无论大国还是小国，提升质量无一例外地成为强国之路的国家战略；无论推行卓越质量的企业标准，还是举全国之力提升质量、振兴质量，推动质量改进运动，无疑都提升了全社会的质量意识，提高了国际市场的质量竞争力。

二、衣食住行：质量强国与你我他

习近平总书记指出，质量体现着人类的劳动创造和智慧结晶，体现着人们对美好生活的向往。质量体现为经济发展的质量，体现为产品质量、工程质量与服务质量。如果产品质量、服务质量、工程质量低劣，产业质量、行业质量、区域质量竞争力不强，高质量无从谈起，质量强国更是无法实现。从某种意义上说，质量强国关系你我他，关系我们生活的日常。

（一）质量能够有效解决浪费

马克思曾指出，物质财富本来就是由使用价值构成的。不讲质量，就降低了使用价值，甚至没有使用价值；不讲质量的数量，就是减少了数量，甚至没有数量，这是最大的浪费。据专家分析和估算，我国制造业的质量直接损失（包括废品及对不合格品的返修）每年超过1700亿元，假冒伪劣商品造成的直接损失达2000亿元以上；由于产品质量问题造成的对下游产业影响、市场份额损失、治理污染等间接损失超过1万亿元。建筑工程中的资源浪费情况同样严重，2021年全国建筑材料产品质量国家监督抽查不合格率为7.8%，意味着同年全国规模以上建材企业6.6万亿营业收入中，不合格建材约为5100亿元，碳排放超过1亿吨。我国在消耗全球最多的水泥和钢材的同时，也产生每年高达4亿吨的建筑垃圾。2015年开展的"第三次制造业企业质量管理现状调查"显示，被调查企业报告的总质量损失率（总质量损失占主营业务收入的比率）均值为1.83%，与日本制造业企业2012年总质量损失率0.76%相比，明显偏高。

中国是瓷器的发源地，但目前日用瓷器制造水平最高的三个国家是德国、英国、日本，我们还排不进前三名。二十多年前一个中国访问团去一家韩国瓷器厂参观，发现生产线上的质检员把所有次品都摔碎了，一问原因才知道他们"只生产合格品"。

企业管理是社会化大生产引起的，它的基本任务之一，就是把劳动者、劳动手段、劳动对象科学地组织起来，使它们充分发挥作用，提高效率。在社会主义市场经济中，所有经济体几乎都是为了交换而生产，生产的产品和服务都是为了满足广大消费者和其他生产者的物质文化生活需要，第一位要求就是产品和服务要不断提高质量、改进品质性能。如果产品和服务不能交易，不能产生收益，势必影响劳动生产率，势必造成资源、资金、技术、劳动力、管理等方面的巨大浪费。因此，在一定意义上说，质量好就等于数量多，提升质量有助于减少无效和低端的供给，是最大的节约。

（二）质量水平一定程度上影响老百姓的收入水平

质量是产品与服务价格的关键决定因素，提高收入意味着必须提高劳动生产率。但我国全员劳动生产率增速多年徘徊不前。2014年波士顿咨询集团对25个出口大国及地区的制造成本进行了评估，中国制造业成本优势相对美国来说已经下降到不足5%。成本上升必然导致最终产品的价格上涨，削弱我国商品的传统竞争力。只有提高劳动生产率，才能降低生产成本。提高国内生产总值和劳动生产率，必须从提高劳动的单位价值入手，既提高单位时间内的产品与服务产出的数量，又提高单位产品与服务的价值（价格）。据测算，2014年我国出口商品的平均出口单价（美元/公斤）为18.74，而日本为27.49，德国达到56.83；发展较快的轨道交通产品，平均出口单价只有3.01，远低于德国14.85的水平。如果"中国制造"达到日本商品的同期质量溢价水平，就意味着出口同等重量的商品，中国商品出口额将大幅增长47%[1]。日本20世纪中后期，通过提升产品和服务质量，推动出口总额从1960年的不到36亿美元，猛增到1970年的202.5亿美元，年均增长16.8%，保证了日

---

1. 蒋家东等：《宏观质量效益研究：理论、机制与路径》，北京：中国质检出版社、中国标准出版社2016年版。

本1960年至1970年"国民收入倍增计划"的实现，到20世纪90年代日本人均GDP达到世界平均水平的3.65倍。

21世纪初，韩国政府提出建设"21世纪品质一流国家"的目标，2005年韩国产业资源部颁布了《质量经营基础计划》，将质量经营概念延伸到整个社会，通过全社会的质量提升，实现国际竞争力的持续提高和国民收入的持续增加。通过质量创新，到2009年时，韩国人均GDP已超过1.7万美元，成功走出中等收入陷阱，稳居发达国家行列，经验确实值得借鉴。

（三）质量提升可以有力促进居民消费

产品和服务的质量问题，一度影响到居民对消费品牌的选择。当今世界，20%的知名品牌占据了80%的市场份额。品牌的核心要素在于质量。知名品牌取决于质量的可靠性、品种的适应性、技术的先进性和服务的便捷性。世界品牌实验室发布的2017年度（第十四届）"世界品牌500强"排行榜显示，中国入选的品牌有37个。但以每万亿美元制造业增加值对应的世界品牌500强中的制造业企业数量计算，中国仅为3.7个，而法国、英国、美国、日本和韩国分别为108.33个、56个、39.17个、37.04个和8.11个，这种状况与我国经济体量严重不匹配。2019年我国人口占世界人口的比重为18.2%，GDP占世界的比重为16.4%，而最终消费支出额只占世界总额的12.1%，提升空间巨大。

质量一旦无法满足人民美好生活的需要，就可能"消费外溢"。2015年，"去日本买马桶盖"事件闹得沸沸扬扬，甚至有媒体报道，"只要有中国游客团去日本，马桶盖每天都会卖断货"。不过戏剧性的是，这些在日本被中国人疯抢的智能马桶盖，竟都是在杭州生产的地道的"中国制造"。"抢马桶盖"现象发生后，很快许多厂家跟进研发，迅速占领市场。这背后，真实体现了中国消费者消费水平的提高和消费习惯的变化，这也促使广大消费者对中国质量进行了深入反思。

近年来，我国经济失衡的主要问题不是需求不足，或没有需求，而是需求变了，但供给却没有变。产品与服务的品种、品质与品牌跟不上，主要原因在于供给的产品与服务质量不高，与人民群众需求不适应、不匹配、不协调。比如，以婴幼儿配方奶粉为例，2008年"三聚氰胺事件"发生后，我国进口奶粉特别是婴幼儿配方奶粉的数量持续快速增长，"洋奶粉"代购甚至演化成国际事件。随着我国国产奶粉质量安全水平不断提升，进口增幅逐渐趋缓，2020年进口奶粉总量为131万吨，同比下降3.7%，进口婴幼儿奶粉总量为33.6万吨，同比下降2.6%，是近年的首次负增长。同时，国产品牌逐步崛起，2018和2019年国产奶粉的市场份额分别达到43.7%和49%，2020年国产奶粉行业头部前三企业市场占有率达到38%，恢复到三聚氰胺事件以前的2007年。2021年，国产奶粉的市场占有率逐渐超过外资品牌。

尤其值得关注的是，与国外竞争对手相比，我们在技术、资金、品牌等方面处于弱势，但我国产品质量和品种一旦获得突破，往往很快就能打破国外企业的市场垄断。国外企业采取解除技术封锁、低价倾销等多种手段，一方面抢占市场份额，另一方面阻碍我国企业成长。比如，六氟磷酸锂是生产动力电池的基础材料，我国企业经过5年技术攻关成功量产后，国外企业很快将产品价格由60万元/吨降至10万元/吨以下。

目前,我国消费有很大空间,消费需求正迅速增长,需要提高我国产品质量、品牌形象,才能保证老百姓放心消费,从而扩大消费。

(四)改善公共服务质量,让人民更幸福

让人民生活更幸福,重要的是要提高保障水平,让老百姓能安居乐业。政府对自身权力进行规范,让社会公平正义有效推进,民生才能更加有保证。公正规范的行政行为,完善平等的公共服务,对人民幸福感的影响至关重要。这是服务质量的具体体现,也是与人民群众日常生活息息相关的工作。

如果人民群众在社会生活当中感到没有受到应有的尊重,感到机会不平等,甚至遇到权力滥用的情况,那么收入提高带来的幸福感,往往会因尊严受损而被冲淡或抵消。提高政府服务质量,可以有效改善地区城乡居民间物质生活的差异和财力投入的差异,推进公共服务的均等化,让人民享有平等的机会和权益。这些年,各地纷纷推出深化社会管理办法,推动公共服务标准化规范化,统一流程,提高效率,使群众的事有人办、群众的困难有人帮、公益事业有人做,极大提高人民群众的幸福感。

近几年的中国质量奖,获奖的名单中已经有学校、航空公司、文化研究机构等,就是为了引导全社会重视服务质量,推广服务质量的好典型、好经验。当然,服务质量、工程质量等,也是重要的质量领域,对于我国提升质量整体水平起着非常重要的作用。

三、美好生活：智能时代的全新图景

回顾历史，每一次工业革命都使人类的生产生活方式发生巨大变化，推动生产力水平大幅提高，促进经济活动的范围、规模空前扩大。当前，新一轮科技革命和产业变革正在孕育兴起，大数据、云计算、物联网等网络信息技术与制造业交互融合，深刻改变着制造业的发展理念和方式，不断催生协同创新、智能生产、个性定制等新模式，同时也为质量设计、质量控制、质量管理、质量检测等提供了新工具和新手段。

（一）智能时代呼唤质量创新

新的智能时代正以全新的方式向我们走来。新的观念、新的技术、新的方法无论对质量技术、流程，还是对质量供给、质量需求，都产生了新的变革。比如在啤酒酿造方面，原料配方、菌种、发酵时间、设备温度、生产流程等核心工艺，甚至压力、温度、湿度、海拔等生产环境，都可以通过人工智能进行最优选择，更有效推动质量改进。在大型设备定型试验阶段，应用感知器和数据分析技术，可以提高故障检测精准度，缩短制造周期。将遥感技术应用到产品供应链，可以预测设备停机时间，或是实时传输产品质量问题，大大提高售后服务的质量、维护的响应效率。区块链技术的应用，能够将产品生产、包装、运输、使用的各个环节进行更精准定位，实现质量追溯和质量召回智能化。个性化消费时代，消费者的需求千差万别，大数据可以对公众的款式爱好、行为特征、价格心理、消费需求等进行精准"画像"，从而为企业的产品设计研发、工艺管理和个性服务提供支撑。一些国内优秀酒类企业已经在全国推广"沉浸式"体验，让消费者在具体的环境和氛围中，体会高质量的美食和服务。

（二）评判质量不仅依靠"合格率"，更重要的是"满意度"

经济学理论认为，拉动内需主要取决于两个因素：一是购买能力，由居民可支配收入决定；二是购买意愿，由消费偏好、市场供给等因素决定。中国经济正处于赶超发达经济体的阶段，购买意愿对消费的拉动逐渐增强。未来中国消费结构将出现明显的变化，模仿型、排浪式消费阶段基本结束，个性化、多样化消费渐成主流。适应新的多样化的消费特点，保证产品质量安全，通过创新供给来激活需求的重要性显著上升。

质量需求也是一个不断提升的过程。根据需求的层次关系，质量需求分为适用型质量、满意型质量和卓越型质量。还是以水杯为例，改革开放以来，老百姓对于水杯的质量需求经历了不同的需求阶段。

第一个阶段是适用型质量。对于需求方而言，只要满足于用水杯喝水这一具体功能即可。对于供给方而言，按照标准生产，关注的是产品的安全性、可靠性、稳定性和持久性。搪瓷杯、不锈钢水杯等都是适用型质量的代表。

第二阶段是满意型质量。对于需求方来说，对产品生理上的需求高于对产品的功能性需求，关注更多的是产品的舒适性，比如更合理的人体工程符合度、更优美的图案、更高科技的材质、更先进的工艺，实现超预期的消费体验。对于供给方来说，要主动发现消费者需求，并不断满足需求，引导需求。这个时期，泡茶水杯、紫砂杯、旅行杯、保温杯等投入市场，采用纳米技术的水杯因不容易沾染茶垢而更受青睐，这代表着多样化需求逐步影响到对质量的评价。

第三阶段是卓越型质量。消费方能够从产品上得到心理和社会层面的满足，获得精神愉悦感。供应方更多地体现环保、社会福利等社会责任，传递出责任和信任。比如定制化的水杯、个性照片水杯、情侣水杯、环保水杯，以及更能体现节能减排责任的产品等。这个时候，"会讲故事"的品牌、体现创新的前沿技术、企业文化等，都丰富了产品质量内涵，也提升了产品的溢出价值。

智能时代的质量是建立在标准分类和分级上的市场化质量供给行为。当前，我国中低端质量供给基本得到保障，高端供给还有广阔空间。要立足不同地域、不同消费群体，完善质量多层次供给，通过价格杠杆体现品质的价值，让生产主体按照不同的标准生产不同质量的产品，让消费者根据自身需求和能力进行相应的选择，通过质量分级、优质优价、供需匹配，实现由追求"合格率"向追求"满意度"跃升。

（三）创新和质量是影响经济增长动力转换的关键因素

创新包括技术创新、管理创新、制度创新等；质量包括产品质量、服务质量、人才质量等。从由技术到产品，再到产业的成长链条看，创新和质量在不同环节发挥着不同的作用，单靠其中一个要素是远远不够的。一般而言，科技的单点突破解决的是产品原创问题，为产业化提供了可能性。但解决量产质量一致性和质量持续改进问题，还需要科学的质量管理、工匠精神和专业人才队伍。在注重发挥技术创新驱动作用的同时，要强化质量创新和质量升级，提升产能、降低成本，需要着力改进供应链、产业链的质量保证能力，实现批量生产质量稳定和产业化。一些国内优秀企业已经把质量控制从企业自身往供应链、服务链两端延伸，探索建立一整套、全链条的质量控制体系，以保障质量的稳定和品牌的价值。

从国际经验看，我国要实现动力转换，培育"中国制造"竞争新优势，既要瞄准世界产业发展技术前沿，加强核心技术和原创技术研发，又要加快"传统产业"质量升级和产业化进程，用不断增强的技术、质量新优势有效对冲成本增高的劣势。当前，包括不少发达国家也日益重视传统行业的发展。例如，欧盟委员会在《保持欧洲钢铁产业可持续就业和增长》中指出，一个强大的钢铁行业构成了许多产业价值链的基础，要采取短期和长期措施，提升欧盟在全球钢铁市场的竞争地位。尤其值得关注的是，德国、美国等发达国家正对纺织业这一"传统产业"开展新一代纺织革命。美国国防部牵头组建革命性纤维与织物制造研究中心，开展全国范围内的产学研合作，积极创新产品；德国则将纺织业的转型升级提升到了国家战略的高度，从2014年起开始实施对纺织业进行升级改造的"未来纺织"项目，并将纺织业作为工业4.0的急先锋，通过产业升级改造振兴德国传统纺织业基地。

（四）技术变革风起云涌，催生了新的质量政策

新的工业革命，核心都是通过发展先进制造业，抢占产业发展制高点。有研究表明，美国先进制造业领域年人均产出是

* "十四五"期间,石化行业的主要目标是建设敏捷的供应链、全流程的优化调控和安全环保的溯源,行业本身也正向绿色低碳环保的方向发展。图为某石化公司液化气储存罐(王嘉摄)

非先进制造业领域的2倍,每个先进制造业岗位可带动供应链上3.5个工作岗位。当前,美国突出创新优势的"先进制造",德国突出智能制造的"工业4.0",英国强调"制造业+服务业"的"高价值制造",日本则推进以大数据为主的"下一代制造"[1]。

1999年末,普京被任命为俄罗斯代总统不久,发表反映其治国战略思想的《千年之交的俄罗斯》一文,首次提出"经济追赶"问题。2003年5月,普京正式提出经济追赶型增长的具体任务,推出了《国家产品与服务质量政策构想方案》,分析了质量在经济、社会、军事、国际、信息、生态等领域实现国家

---

1. 罗文:《紧扣高质量发展要求 加快发展先进制造业》,载《求是》,2018年第8期。

利益的作用，特别强调"质量将成为21世纪产品竞争力的决定性因素"，在经济领域、社会领域、军事领域、生态领域等提出了国家质量提升政策。

印度享誉全球的支柱产业是软件产品和纺织品，印度政府将产品与服务质量视为产业发展的基础和核心。在软件产业发展方面，印度政府非常重视软件产品质量的控制，积极鼓励软件企业通过ISO 9000认证和软件开发能力成熟度模型CMM认证，推动印度成为"信息技术超级大国"。有专家指出，印度用120万名白领创立了"世界办公室"，凸显了未来竞争中的独特优势。

从2008年爆发金融危机开始，美国社会各行各业、联邦政府、州政府以及大学等都注意到美国制造业开始出现衰落的苗头，一直在为重振制造业寻找"药方"。2012年，奥巴马政府发布了《先进制造业国家战略计划》。2018年10月，由美国国家科学技术委员会（NSTC）下属的先进制造技术委员会组织发布《美国先进制造业领导战略》，展示了新阶段美国引领全球先进制造业的愿景，提出发展和推广新的制造技术，培养教育、培训匹配制造业的劳动力，以及扩大国内制造业供应链能力等三大任务。该战略报告特别强调，"当我们发展美国制造业时，我们不仅增加了就业岗位和薪资水平，而且也强化了美国精神"。其提升制造业水平的战略政策，完全与美国经济发展和全球竞争紧密联系起来。

2010年7月德国政府发布《高技术战略2020》，"工业4.0"被纳入《高技术战略2020》，成为十大未来项目之一，并已上升为国家战略。其宗旨在于支持工业领域新一代革命性技术的研发与创新，通过"智能工厂""智能生产"，重点推进智能化生产系统、生产设施的研发与应用，提升广大企业特别是中小企业的智能化水平，提高德国工业在未来工业革命中的竞争力。

为应对国际分工体系的变化，2013年6月14日，日本政府正式出台《日本再兴战略》，同年10月，日本国会通过了《产业竞争力强化法案》，旨在提高产业竞争力、促进企业投资和技术开发。该法案取消了许多限制，允许企业大胆开展科研开发和技术创新。比如，新法通过后，日本汽车企业可以让"无人驾驶汽车"进入高速公路进行实验活动，不再按照《日本道路交通法》进行限制。

韩国是全球制造业较为发达的国家之一，其产业门类齐全、技术较为先进，尤其是造船、汽车、电子、化工、钢铁等部分的产业在全球具有重要地位。面对韩国制造业增长乏力、竞争力下滑的挑战，2014年6月，韩国政府正式推出《制造业创新3.0战略》，2015年3月又公布了《制造业创新3.0战略实施方案》，这标志着韩国版"工业4.0"战略正式确立。

英国2014年推出的《英国制造2050》，法国2014年推出的《工业新法国》，印度2014年启动的"印度制造"计划，都是立足于经济转型发展的关键时刻，瞄准制造业中端领域，将质量发展战略作为促进技术变革或应对发展危机的战略部署。

值得重点关注的是，近年来，我国制造业特别强调"质量为先"，坚持把质量作为建设制造强国的生命线，强化企业质量主体责任，加强质量技术攻关、自主品牌培育，建设法规标准体系、质量监管体系、先进质量文化，营造诚信经营的市场环境，走以质取胜的发展道路。

四、中国，必须为质量而战

经过长期努力，中国产品质量稳步提升，打入国际市场，有些领域甚至占据较大的市场份额。木秀于林，风必摧之。中国产品的质量进步和竞争力提升，也引起质量竞争。2013年3月29日，时任美国总统奥巴马在迈阿密港口发表演说，鼓励更广泛地使用美国制造，鼓动海外企业回流美国。演讲特意选择在迈阿密的码头上进行，美国劳工联合会—产业工会联合会在现场打出"美国制造"的标语。但工作人员发现，作为演讲台背景的起重机是上海振华重工制造的，ZPMC商标异常醒目，于是他们用美国国旗盖住了中国制造的商标。但演讲过程中，一阵大风吹来，吹歪了其中的一面美国国旗，露出了起重机上上海振华重工的标志。结果，以"美国制造"为主题的演讲，被"中国制造"抢了风头。无独有偶，2020年8月，时任美国总统特朗普竞选下一任总统时，高调批评中国，让制造业重归美国，被网友调侃：你的帽子、竞选旗子、领结和礼服都是中国制造啊！

中国质量发展也经历过痛苦抉择的艰难历程。

改革开放初期，假冒伪劣是伴随温州市场经济超前发展的一个负面标签，甚至有城市的商场挂上"本店没有温州货""本店不卖温州鞋"等提示标语。1987年8月8日，杭州武林门广场，5000多双产于温州的假冒劣质鞋被付之一炬。这把刻骨铭心的大火震撼了温州人，唤醒了温州人的质量意识。此后，全国第一部有关质量立市的地方性法规《温州市质量立市实施办法》在温州落地，详细规定了各级政府和各类企业实施质量立市的70条规范、15条惩罚措施。温州相继开展"质量立市、名牌兴业""打响温州牌,叫响温州货""品牌强市"等系列质量提升活动。现在,温州经济取得了举世瞩目的成就,成为国际知名的"中国鞋都""中国电器之都""中国汽摩配之都"等产业集群地,在世界各地的市场版图也不断扩大。

另一个痛苦中觉醒的例子就是海尔砸出来的世界第一品牌。1985年,在冰箱还供不应求的年代,张瑞敏带头砸掉了76台不合格的冰箱,也砸出了海尔员工"零缺陷"的质量意识,宣告了海尔全面质量管理的开始。那把砸冰箱的大锤,在海尔乃至中国企业创品牌提质量的道路上,具有标志性意义,现已被中国国家博物馆收藏。正是对质量的执着,海尔抓住了改革开放的机遇,在中国企业中最早推行质量管理,成功荣获第一届"中国质量奖",连续多年稳居"中国最有价值品牌排行榜"首位。

正是依靠对质量的孜孜以求,我们创造了"中国速度",经济总量位居世界第二,500多种主要产品中有220多种位居世界第一,在国际标准分类的22个大行业中,中国的产值稳居世界前列。我国成为世界第一出口大国,纺织、服装、家用电器等产品已连续多年在国际贸易中居于首位。重点产品国家监督抽查合格率稳定保持在95%以上,重大装备和基础元器件技术创新取得重大进展,与国际先进水平的差距不断缩小,充分反映出我国产品已具有国际领先的竞争能力。在以载人航天、智能电网、高速铁路、工程装备制造等为代表的高端领域,也形成了以自主创新技术为支撑的领先的质量竞争能力,深圳华为、海尔集团、大庆石油、振华港机、三一重工等一大批拥有自主知识产权的品牌迅速崛起,增强了以卓越质量为核心的全球质量竞争力。

但我国还不是质量强国,仍存在不少薄弱之处。企业主体责任落实不到位,部分产品国际竞争力不强,假冒伪劣产品屡禁不止,质量安全形势仍然严峻。比如,我国每年要花费6000多亿元从国外进口重大制造设备,包括100%的光纤制造装备,85%的集成电路芯片制造设备,80%的石油化工装备,70%的轿车工业设备、数控机床、胶印装备,等等。我国数控机床平均无故障运行时间最长的为500小时,国外平均是700小时,有的甚至可以达到1000小时;电子元器件产品可靠性比国外同类产品差1~2个数量级,发电机设备煤耗比进口设备高1/4。再比如,我国通用零部件产品寿命一般为国外同类产品寿命的30%~60%,模具产品使用寿命一般较国外先进水平短30%~50%。由此导致的后果是,同样型号的高端数控装备,即便是国外价格高出国内3倍以上,不少航空、汽车等行业企业仍愿意选择进口[1]。

技术人才供需结构不合理、工匠精神不足也是制约我国质量发展的关键因素。我国产业和市场衔接不够充分,特别是缺少工匠。我国9亿多劳动者中,受过高等教育或具有各类专业技能的有1.7亿人,虽然规模很大,但占比只有20%左右,而德国是80%、日本是40%;我国高技能人才4800万人,约占5%,德国和日本在20%左右。有专家说,技师的缺乏、技术工人素质不高,是我国质量提升的瓶颈,这也我国与德国、日本在质量领域的潜在差距。

有研究表明,质量水平一般与人均经济水平具有很强的相关性,人均GDP在10000美元之前,质量升级非常迅速,之

---

1. 乔标:《工业基础能力五大难关待破》,载《瞭望》,2017年第50期。

后快速递减。以食品安全为例，当人均GDP在1000～4000美元时，由于经济发展水平低，食品行业技术、管理水平无法达到现代的良好规范水平，掺杂使假是危及食品安全的主要问题；当人均GDP由4000美元升至10000美元时，农药、兽药残留超标等安全风险是食品安全领域面临的主要问题[1]；之后，社会对食品安全问题的主要关注点转向基因技术应用、动物福利以及社会责任等方面。2020年我国人均GDP约为1.05万美元，正处于经济转型的关键期，也是质量提升的反复期和质量强国的爬坡期。

新时代中国经济由高速增长阶段转向高质量发展阶段，这标志着我们在解决了"有没有"、"快不快"的问题后，工作重点转为解决"好不好"问题。必须毫不松懈、持续发力，持续推进质量强国建设，最大限度激发全社会质量意识，最大限度凝聚全社会质量力量，最大限度促进我国经济从大到强的转变。

环视质量之战，风云变幻，我们已经无路可退！

建设质量强国，正当其时，我们只有勇往直前！

---

1. 王守伟、周清杰、臧明伍等：《食品安全与经济发展关系研究》，北京：中国质检出版社2016年版。

第 3 章

世界强国的质量路径

我们要铸就中华文化新辉煌，就要以更加博大的胸怀，更加广泛地开展同各国的文化交流，更加积极主动地学习借鉴世界一切优秀文明成果。

——习近平总书记在敦煌研究院座谈时的讲话（2019年8月19日）

第③章　→ 世界强国的质量路径

当今世界GDP排名前五位的国家，除中国之外，还有美国、日本、德国和英国。不同的国家发展有着不同的机遇，走过不同的道路。美、日、德、英能够成为世界强国，有一个共同的特点，即无一例外地站在质量的基石之上，在众多行业集聚形成强大的国际竞争力。然而历史的发展从来不会一帆风顺，美、日、德、英并非天生的质量强国，恰恰相反，它们在经济社会转型时，都曾经陷入过假冒伪劣的泥潭，并为之付出血的代价，留下悲痛的记忆。美、日、德、英没有在假冒伪劣的泥潭里沉沦，而是痛定思痛，经历了凤凰涅槃。第一次工业革命，英国率先崛起；第二次工业革命，美国和德国后来者居上；第三次工业革命，日本在废墟上重建，质量最终改变美、日、德、英的国运，使它们成为世界强国。历史告诉我们，要成为世界强国，首先必须占领质量的制高点，成为世界质量强国。

一、英国：质量先声

英国是第一次工业革命的先行者，从毛纺业到棉纺业，从手工业到机器生产，英国依靠高质量，实现了从欧洲二流国家向世界头号强国的崛起。

（一）英国质量黑历史

1845年，恩格斯的著作《英国工人阶级状况》出版，其中披露了当时英国假冒伪劣现象："烟草普遍地掺假，去年夏天曼彻斯特某几个著名的烟草商人曾公开地说，要是不掺假，他们的生意就无法做下去，价钱在3便士以下的雪茄烟，没有一支完全是用烟叶制成的。""到处都是骗局：把法兰绒、袜子等等拉长，叫人看起来好像长一些，只要洗一洗马上就缩短；比规格窄1.5英寸或3英寸的呢子被当作宽的卖出去；瓷器上的釉薄得一到手就裂开了，这类骗人的事情还可以举出几千件来。""商人的尺和秤大部分是不合规定的。在警局的报告里因犯了这类罪而被处以罚款的事情每天就多得难以置信。"恩格斯的描述并非个案，从19世纪初至19世纪70年代，英国工业和商业狂热发展，封建制度解体，宗法体制和宗教体制逐步瓦解，传统价值体系崩溃。与此同时，英国资本主义制度尚未完善，相关商业制度尚未建立健全，假冒伪劣商品到处泛滥，各种手段五花八门。昏黄的油灯下，杂货店老板不无得意地向学徒传授生意经：尽你所能逃脱处罚，尽可能骗走客户的钱，其主要有三"宝"——掺假、伪造、缺斤少两。

掺假、掺杂相对比较简单，也最常被运用。食用糖里掺入廉价的米粉，糖浆中掺入鸦片，把褐色黏土捣得很细然后掺到可可里，棉花里掺入木屑和30%~50%的浆料。伪造也不少见。在曼彻斯特市，当椰子的汁水开始发臭时，商贩就在椰子上打个孔，往里灌水，再用一块颜色与外壳相近的软木封住洞眼，把椰子煮一下以增加重量，然后把外壳弄得闪闪发亮拿到市场上去出售。所谓葡萄牙进口的红葡萄酒是用颜料和酒精勾兑的，英国喝掉的这种假红葡萄酒比葡萄牙全国生产的真酒还要多。缺斤少两更是常态。1837年5月24日，维多利亚女王登基，英国假冒伪劣达到了巅峰。商贩把卖糖的秤盘故意弄湿，以便沾下一些糖。号称1磅重的樱桃实际只有5盎司，当时16盎司等于1磅。

19世纪40年代，除了恩格斯，英国记者亨利·梅休在伦敦的街头同样观察到猖獗的掺假现象，同样看到穷人成为假冒伪劣商品的消费主体。经过一次次访谈，小贩们把全部的伎俩都告诉了梅休：怎样将坏掉的肉和蔬菜伪装成新鲜品；用水煮过的橘子看起来更大、更多汁；用草莓叶铺满整个篮子，把草莓放在上面，让顾客觉得买的整篮都是水果；他们还把烂鱼藏在鲜鱼中间来出售。1849年起，梅休在《纪事晨报》上发表了一系列报道。那段不堪回首的历史和由此引发的恐慌长久地留在人们的记忆中，一直到1914年，英国作家吉尔伯特·基思·切斯特顿在诗歌《反对杂货商之歌》中依然痛心疾首："女王最可怜的子民们，几千人因为吃了这些而死亡，为什么他还能笑得如此开心？"

（二）直面印度挑战

假冒伪劣的日常用品给英国人带来无尽的痛苦，而在经济领域英国人又面临着新挑战。英国是传统的养羊大国，欧洲重要的羊毛产地。优越的气候和土壤条件，造就了英国羊毛无与伦比的洁白与柔软。百年战争失败后，英国退守回大不列颠岛，沦为欧洲二流国家，实力位居西班牙、葡萄牙、法国等国之下。战败的英国人卧薪尝胆，重新把目光聚焦到羊毛上，只不过他们不再单纯地出口羊毛，而是大力发展毛纺织业及其贸易。首先，采取税收、出口等产业扶持政策，为毛纺织业发展提供了十分有利的环境。通过移民政策，秘密引进佛兰德斯纺织工人，提高英国工人纺织技能。其次，大力加强台式梳毛机、纺纱机等技术的革新，推动英国毛纺织业迅速发展。最后，规模化生产。水力漂布机的推广应用，不仅使得呢绒宽幅变大，产量显著提高，质量明显改进，而且使呢绒生产的中心逐渐脱离城市，向靠近水源的农村转移，出现许多纺织生产中心，形成了三个新的主要呢绒生产区。

英国呢绒不仅满足了国内市场的需要，而且大量出口，1470—1510年的40年间出口量年增长率达30%。英国非常注重出口呢绒质量，政府专门安排鉴定员，负责检验呢绒质量，符合法定标准的加盖检验印章后允许出口，不符合标准的呢绒没收。每年鉴定员向财政署提交检验报告和账册。英国呢绒质量不断提升，逐渐享誉欧洲，连意大利米兰织工都纷纷仿制。毛纺织业成为英国的民族工业，英国羊毛和呢绒成为欧洲国际贸易中的一宗主要货品，垄断了整个欧洲市场，保障着皇家国库正常运转，支撑起英国经济命脉。

16世纪，英国"圈地运动"扩大了牧羊场，增加了羊毛产量，为呢绒的生产提供了充足的原料和廉价劳动力。英国毛纺织业进一步脱离旧有生产方式，手工工场更加扩大，呢绒生产规模极大扩展，生产效率和产品质量持续提高。而欧洲直通印度新航线的开通和美洲大陆的发现，以及环球航行的成功，又为优质的英国呢绒开拓了更为广阔的世界市场。1565年，英国呢绒出口占全部出口商品总额的78%。1588年，在格拉沃利讷海战中，英国打败了当时世界头号强国西班牙的无敌舰队，在欧洲崭露头角，成为国际舞台上不可小视的力量。

然而，此时一个新的挑战降临在英国面前，对手不是传统的欧洲大陆国家，而是远在亚洲的印度，挑战不是军事，而是棉纺织业。棉花原产于印度，种植历史可追溯到四五千年前。

第 ③ 章　→ 世界强国的质量路径

古希腊时期，印度棉织品制造业已经很普及，从精良的平纹细布到色泽多样的印花棉布，样式众多、应有尽有，并且质量很高，远销非洲。与亚洲的热销不同，15世纪前欧洲人仅把棉织品用作装饰品、桌布等，需求量很少，棉织品在欧洲贸易很有限。1498年，葡萄牙探险家达·伽马绕过好望角，成功到达印度。从此，欧洲人通往神秘东方的大门被打开。

为了香料而来的欧洲人踏上印度的土地，却被色彩丰富、质量优良的棉织品所震惊，精良的平纹细布、色泽多样的印花棉布让他们眼花缭乱。17世纪晚期，欧洲经济不断繁荣，人们生活水平持续提高，社会时尚也随之发生巨变。印度棉布的实用、舒适、色彩斑斓和浓厚的异国情调，让英国消费者为之倾倒。上至王后，下到普通商人，越来越青睐轻便又实用的棉布，以用印花布和白洋布做窗帘、垫子、卧具等为时尚。欧洲人打通了航线，结果让印度高质量的棉织品源源不断地走出国门，单1684年印度就出口了上百万件棉布服装。印度莫卧儿帝国控制了全世界1/4的纺织品贸易，每年税收达到1亿两白银，是同时期明朝的十几倍。莫卧儿帝国获得流水一样的财富，成为当时世界上最富有的国家。印度棉织品横扫整个世界市场，成为当时世界上最畅销、利润最丰厚的商品。英国毛纺织品受到了严峻的挑战，经济遭到致命的冲击。

与占据着英国输出品王座的毛纺织业相比，英国棉纺织业在制造工业中地位十分渺小，产品远不如印度棉布柔软和漂亮。面对印度高质量棉布的竞争，英国人毫无还手之力。为了保护本国纺织工业，1662年，英国政府再次实行产业政策：禁止在本国内销售印度棉布，向进口的印度商品征收高额的歧视性关税。1690年到1721年，英国国会又相继颁布了一系列法令，禁止进口印度印花棉布。但是单纯的抵制、封闭措施，从来不可能解决问题。

（三）棉纺质量超越

英国政府痛定思痛，最终决定提升自身实力，鼓励和支持本国商人建立棉纺织业与印染业，学习印度提高棉布质量。此后的一百多年间，英国不断发明和普及新技术，推进产业机械化和工业化，全面提升质量，与印度展开了一场国际棉织品市场抢夺战。

1733年，英国一家棉织工场的机械师约翰·凯伊发明了新的织布工具——飞梭，比原来手掷梭子法的工效提高了一倍多，织出的布面更宽。飞梭被广泛应用后，织布效率提高了，但带来另一个问题——棉纱供不应求。很长时间纺与织之间的矛盾没有得到解决，棉纱价格猛烈上涨，出现了极其严重的纱荒，有些棉布工厂因缺纱而停产，研制新的纺纱机变得非常迫切。1761年，英国艺术与工业奖励协会两次悬赏，征求新式纺纱机的发明。1764年，英国兰开郡兼做木工的纺织工詹姆斯·哈格里夫斯造出用一个纺轮带动八个竖直纱锭的新纺纱机，功效一下子提高了八倍。哈格里夫斯以女儿珍妮的名字为这种新纺纱机命名，这就是工业革命中闻名世界的珍妮纺纱机。后来，珍妮纺纱机的纱锭由八个增加到十几个，纺纱工效随之提高到十几倍，而且纱线变细了，只不过容易断。

最初的珍妮纺纱机以人力为动力，1768年钟表匠阿克莱特发明了一种以水力为动力的纺纱机，纱线变得结实了，但比较

* 珍妮纺纱机

粗。1779年,工人塞缪尔·克隆普顿发明了骡机,纱线变得柔软、精细又结实,棉纺织品的"质"和"量"均实现了革命性的提升。1785年,传教士卡特莱特在访问阿克莱特水力棉纺厂时受到启发,发明了水力织布机,织布效率又提高40倍。但这种织布机异常笨重,不甚完善。其后20多年,经约翰逊、拉德克利夫、霍洛克斯等人不断改进,才大量推广。

英国人创新热情高涨,印花、漂白、染色等技术不断涌现,净棉机、梳棉机、卷线机、整染机等机械发明比比皆是,科技推动着英国棉纺织效率和质量交替上升。为了推动技术进步和质量发展,英国政府推出了各项优惠和奖励政策,对棉纺织技术发明创造者发奖、封爵。1786年,英国国王封卡特莱特为爵士,一年后任命他为德比郡郡长。1812年,国王奖励综合纺纱机发明者克隆普顿5000英镑,5000英镑在当时已经是一笔巨大财富,伟大科学家法拉第在皇家研究所的年薪只有100英镑。

建设 质量 ————→ 强国

随着机器生产的增多，畜力、水力和风力等原有的动力已经无法满足需要，急需一种新的动力。1784年，瓦特成功研制出万能蒸汽机，将人类带入了蒸汽时代、机械化时代。蒸汽机很快取代水车，驱动纺纱机和织布机运转，英国棉纺织业如虎添翼。18世纪末期，英国棉纺织业率先实现机械化生产。1806年，英国使用蒸汽发动机的织布工厂不断增加，基本完成了棉纺织业机械动力化，棉布产量和质量随之大为提高，棉纺服装不但舒适暖和、价格低廉，而且图案美丽、色泽亮丽、外观精致，成为欧洲上流社会竞相追逐的对象。1800年，英国棉织品出口额占据出口总值的25%，1828年达到出口总值的一半。棉布成为人类史上的第一个全球化商品，棉纺织成为英国工业的中坚，推动着工业革命的发生与发展。史学家几乎一致认为，棉纺织业是英国乃至世界工业革命的起点和先导。

* 19世纪，英国纺织工厂

早期，印度本土精细加工的高端棉布尚能保持一定优势。随着英国棉布质量不断提高，18世纪后半叶，英国不仅不再从印度进口棉布，而且把印度当作制成品倾销地，在高端市场上彻底打败了印度棉布。1774年，英国毫不犹豫地废除了那些禁止从印度进口棉布的法案。从1814到1835年，英国输往印度的棉布增加了62倍，同期印度输往英国的棉布减少了四分之三。印度纺织业迅速崩溃，著名的纺织业城市达卡，1827年有15万人，8年后只剩下3万人。

1815年，"第二次百年战争"结束，英国彻底打败法国，成为新的世界霸主。19世纪30年代至40年代，大机器生产占据了英国纺织业的主导地位。工业革命前后80年，英国工人的劳动生产率提高了20倍，而棉纺厂工人生产率高出手纺工人266倍。1850年，英国加工了全世界46%的棉花。英国纺织繁荣一直持续到第一次世界大战，战后的1924年，英国棉纺锭数量达到创纪录的6330万锭，织机79.2万台。

二、美国：质量大成

1783年9月3日，美国独立，开始了工业化道路，但比英国晚了40年，工艺与技术水平远远落后欧洲国家。经过一百多年的发展，美国成为世界头号强国，除了历史机遇外，质量起着重要的支撑作用。

（一）美国"山寨"史

美国是第一次工业革命的迟到者，在追赶世界先进水平过程中，美国人将学习的目光投向了战争中的对手英国，而手段上选择了不光彩的"山寨"。而英国为了防止技术外泄，采取了严密的防范措施。18世纪80年代禁止出口用于制造纺织品、皮革、纸张、金属、玻璃和钟表的工业设备，其中纺织技术禁令尤为全面。英国《航海条例》对殖民地生产或出口钢铁、帽子、毛纺织品等做出诸多限制，规定航船所载移民数量，严禁纺织业主和熟练工人移民美洲，后来进一步拓展到禁止钢铁业和煤业工人离岸。

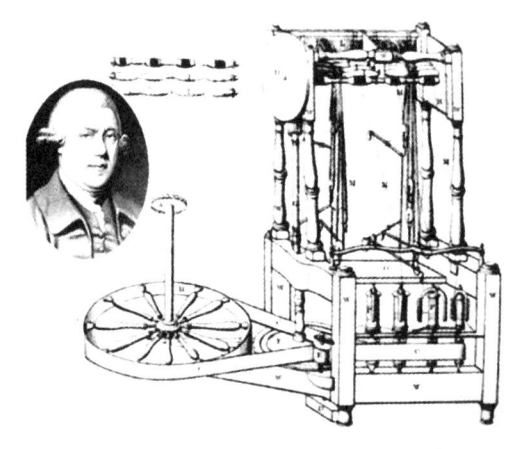

面对英国禁令，美国商会、制造业主千方百计吸引英国工人，或派人赴英国游说，或在英国报纸上登载重金招聘广告。许多英国工匠闻风而动，有人甚至藏身于木桶偷渡到美国。

* 理查德·阿克莱特（1732—1792），1768年发明水力纺纱机，1771年创办纺织厂，采用水力纺纱机纺出的纱坚韧结实，但比较粗

1789年，英国青年塞缪尔·斯莱特打扮成农场工人，用假名躲过了海关审查，偷偷溜上轮船，只身来到纽约。虽然没有携带任何图纸和模型，但他的脑海里记下了阿克莱特机器的全部资料和数据。他凭记忆设计出一台24锭的棉纺机，然后和美国罗德岛纺织集团布朗一拍即合，在罗德岛州的波特基特建起了美国第一家新型先进机器工厂，开启了美国最早的机械纺织。此后十多年，在马萨诸塞等地，类似工厂如雨后春笋般相继建立，

到1809年已有50家棉纺厂同时开工。靠着"偷"来的纺纱技术，美国逐渐成为世界上另一个机械纺织帝国，在纺纱领域开始与英国并驾齐驱，也拉开了美国工业革命的序幕。

随着纺纱机和织布机的使用日益增多，原棉及其生产显得严重紧张。美国南方山地盛产短纤维棉花，但由于轧棉技术不过关，很难将纤维从棉籽上分离出来。1793年在美国康涅狄格州，机械工程师伊莱·惠特尼发明了轧棉机，使得从棉籽上分离短棉纤的生产效率提高了约50倍。原本无价值的美国短纤维棉花逐渐取代烟草，成为南方最有价值的农作物。1830年美国棉产量占世界的一半，1859年后达到70%。轧棉机很快供不应求，迅速传遍美国南部产棉区。但是惠特尼一点也高兴不起来，由于美国知识产权保护非常薄弱，他的发明被大量仿制。仿制者大发其财，他本人却获利甚微，轧棉机制造厂不久亏损倒闭。惠特尼为此感叹："一个发明可以变得如此有价值，而它的发明者却一文不值。"

19世纪的美国简直就是全球剽窃和盗版的温床，美国经济学作家查尔斯·莫里斯在《创新的黎明：美国第一次工业革命》中这样写道："如果19世纪的美国发明了可窥视英国工厂的魔术望远镜，他们肯定会使用它。"尽管如此，依然无法抑制英国著名作家狄更斯对其的向往。1841年，他前往美国，受到了热烈欢迎，心中大悦。但是没几天，他就对这片新大陆深感失望和愤怒，因为他看到美国各色书店以极低的价格出售他和同时代英国畅销作家的各种盗版作品。次年狄更斯出版了《美国纪行》，描述美国整个国家就是一个大骗局。具有讽刺意味的是，《美国纪行》在英国出版面世三天后，就被美国出版商"山寨",并在48小时内销售了74000册。

(二)从模仿到领先

在不择手段地"山寨"英、法等国产品的过程中,美国没有被短期的利益冲昏头脑,而是边"山寨"边创造。19世纪中期,美国基本完成第一次工业革命。19世纪60年代后期,第二次工业革命大幕徐徐拉开,人类开始迈向"电气时代"。这一次,美国超过了英、法。

美国继续保持着实用主义。欧洲人发明了电的理论,而美国的爱迪生和贝尔等人则将其转化为实际运用,美国的电力电气工业从一开始就走在世界前列。1884年,美国工业生产比重超过农业,占到51.95%。10年后,美国工业产值已居世界第一,成为世界第一大工业化强国。20世纪初,电报、电话、电灯、电力传输系统等很多现代发明都来自美国。美国钢铁、石油、电气、化工、航空等一系列新兴工业迅速发展,但此时的美国还只是一个大国,只有攀登上质量这座高峰,美国才能成为真正意义上的强国。

20世纪初,美国人在总结了质量管理的经验基础上,开始研究质量管理理论。泰勒首先提出检验与生产分离的泰勒制。到20世纪20年代,在大规模批量生产过程中,美国企业进一步探索质量管理新思想,开始摆脱主要依靠操作者技术和事后检验的质量管理方法,运用统计质量控制,实现预防为主。美国在军需物资中采用统计质量控制技术,对军备供应产品强制使用统计学抽样程序标准。"二战"结束时,美国拥有西方世界黄金储备的四分之三,成为世界最大的资本输出国和债权国,在全世界范围内建立了以美元为中心的国际金融体系。工业总产量占西方世界60%，对外贸易占三分之一。统计质量控制在美国迅速普及，推动了产品质量水平提升。回顾来路，此时的美国备感质量的重要。1947年，美国首届世界质量与改进大会召开。之后，每年举办一届。经过70多年的发展，该大会已成为有着广泛影响的世界性质量大会，每届都吸引着来自50多个国家和地区的数千名质量专业人士出席。

20世纪60年代，美国又抓住了第三次工业革命的机遇，迎来了"黄金时代"。美国领导了世界信息革命和生物革命，高科技产品销往全世界，国民生产总值从1961年的5233亿美元增长到1971年的10634亿美元。1973年10月，第四次中东战争爆发，引发了石油危机，进而引发经济危机。此时日本和欧洲的产业技术取得长足进步，美国技术优势丧失，1973年工业生产下降了15.3%，持续18个月之久。大量生产停滞，造成了通货膨胀、失业严重、物价上涨等一系列不良后果，经济受到了严重的冲击。美国企业质量管理处于一种自发状态，不同的企业对质量做出不同的选择，危机面前，很大一部分企业更加关注财务状况，结果各行各业质量发展参差不齐，一方面很多产品和行业取得很大的进步，另一方面一些质量安全事故屡见不鲜。1979年1月美国公布了《统一产品责任示范法》，希望更有效地解决产品缺陷问题。然而1978年第二次石油危机再次引发经济危机，美国工业生产下降了11.8%，持续约44个月。

（三）梦中惊醒

20世纪80年代初，日本产品开始震惊世界，凭借卓越的质量大量进入美国市场。美国人没有想到，这个昔日的战败国，竟成了仅次于自己的世界第二大经济国，美国人的自信心被击溃。当时的美国总统尼克松说："与第二次世界大战结束的时候相比，美国遇到了甚至连做梦也想不到的那种挑战。"

美国为什么衰弱？日本凭什么崛起？1980年6月24日，美国国家广播公司电视台选择在电视剧黄金时段，播出了马森制作的一部长达90分钟的纪录片《日本能，我们为什么不能？》。录像带的发行量超过4000万盘，创造了当时美国影视界的最高纪录。从百姓到企业家、从议员到总统都受到深深的震动，美国人的质量意识在那一刻慢慢觉醒。

1980年，美国颁布《史蒂文森-怀勒技术创新法》，将技术创新和质量提升更加紧密结合。1982年10月，美国总统罗纳德·里根签署的一份生产力文件认为，美国的生产力在下降，其结果是美国产品在国际市场上价格昂贵，缺乏竞争力。美国企业界和政府领导人认识到，面对更广阔、更苛刻、更激烈的全球一体化市场竞争，美国企业不了解质量管理，不知道从何入手提升产品质量，美国企业发展质量已迫在眉睫。

20世纪80年代初，福特汽车公司因受到平托事件和日本汽车的冲击，正焦头烂额。福特一款汽车所用变速箱，有的是日本产的，有的是美国产的。福特公司发现消费者点名要装有日本变速箱的车，甚至愿意多等些日子提货。福特公司开始不明白其中缘由，直到工程师把两种变速箱拆开，才发现尽管两款变速箱按照相同的生产规格制造，但是日本人竟然将3毫米的设计误差控制在1.5毫米内。由于日制变速箱的精密度更高，因此汽车运转更平滑，故障也更少。福特公司看到质量的魅力，采取生产程序改进方案、严格的生产纪律和体制改革。1987年福特公司生产的100辆汽车在行驶60～90天出问题次数为170次，1991年降到136次。

1983年9月，首届美国生产力会议在白宫召开，出席会议的包括美国总统里根、副总统老乔治·布什、美国生产力与质量协会会长格雷森、质量管理专家朱兰、商务部长马尔科姆·波多里奇。会议探讨的议题只有一个：美国政府能为全国质量振兴主动做些什么？美国政府认为，质量发展不仅仅是企业的事，更是政府的事、全社会的事。会议呼吁在全国公立和私营部门开展质量意识运动。

美国人准备利用各种质量管理理念和方法改善产品竞争力，捍卫强国地位。美国新一轮质量变革的大幕拉开，这轮变革的名字叫全面质量管理。

(四) 全面发展质量

在研究日本质量发展规律时，美国人发现日本已经率先实践全面质量管理。美国人进而发现，早在1961年，就有一个美国人出版过一本书《全面质量管理：工程与管理》。这个人叫阿曼德·费根堡姆，美国通用电气公司全球生产运作和质量控制主管。他在书中强调质量是公司全体人员的责任，指出："全面质量管理是为了能够在最高经济的水平上考虑到充分满足用户要求的条件下进行市场研究、设计、生产和服务，融企业各部门的研制质量、维持质量和提高质量的活动构成一体的有效体系。"费根堡姆后来被称为"全面质量控制之父"，1988年被美国商务部长任命为"波多里奇国家质量奖"的首届理事会成员，1992年当选为美国国家工程院院士。他还曾担任美国质量管理学会两任主席和一任董事会主席，成为国际质量研究院的创立主席。

《全面质量管理：工程与管理》出版20多年后，全面质量管理思想才在美国真正流传开来。通用、摩托罗拉、宝洁等著名公司开始全面质量管理的实践，越来越多的美国企业意识到生存和发展取决于质量，高层领导人亲自抓质量，加强对各级员工培训。美国政府机关和军事部门纷纷引用全面质量管理思想。1985年，美国海空系统指挥部首先将全面质量管理运用到飞机维修上，以求提高品质和降低费用。1988年，美国政府管理与预算局和9个机构联合推动全面质量管理，并采取了9项具体措施。1989年9月，美国国防部颁布《全面质量管理指引》，成为美国工业界实施全面质量管理作业的参考。美国政府还注重在法律和战略层面推动质量发展，1988年颁布《铅污染控制法案》，1990年颁布《消费品安全改进法》，1987年颁布《质量促进法案》，1994年颁布《儿童安全保护法》，1995年颁布《国家技术转让与推动法案》。

在一系列提升质量水平、加强质量创新措施作用下，美国在多个产业领域重夺世界第一，产业结构进一步优化，特别是在以信息和生物技术为代表的新兴产业中确立了其全球霸主地位。千禧之年，美国人均国民生产总值达到34260美元，超过日本。回顾这段历史时，阿曼德·费根堡姆说：以全面质量为基础的管理创新得到了广泛而有力的关注，它使当今美国经济复苏，回复到强势增长的中心。而此时，《全面质量管理：工程与管理》一书已风靡全球，被译成20多种语言出版。

美国人在质量发展的道路上没有停步。2008年8月14日，布什总统签署生效《消费品安全改进法案》，同年发布《美国标准战略》。今天，美国依然是全球质量集大成者，2018世界品牌500强排行榜上，美国占据185席，继续稳居第一。源源不断的创新能力和坚实的质量基础有力地支撑着其世界强国地位。

三、德国：质量标杆

1871年，随着普法战争落下帷幕，俾斯麦终于实现德国统一。法国50亿法郎的赔款，以及来自法国阿尔萨斯和洛林的矿藏，为德国带来了资金和重要资源。如果仅仅依靠这些资金资源，德国早已坐吃山空。统一后的150年间，德国能够数度崛起成为世界强国，今天依然是国际社会不可忽视的力量，其中关键原因之一则是其一直坚持以高质量制造业为本的道路。

（一）"德国制造"曾是假冒伪劣的代名词

德国统一后，百废待兴、百端待举，德国人渴望经济腾飞。但此时世界市场已经被其他强国瓜分完毕，德国人军事上的胜利无法掩盖经济上的虚弱，能够拿得出手的产品只有黑森林布谷鸟自鸣钟。与英、法等西欧早期发达国家相比，德国科学技术几乎差了半个世纪。在夹缝中追求强国梦的德国人不择手段，仿造英法美等国的产品，偷窃设计、复制产品、伪造制造厂商标志，以廉价销售冲击世界市场。

1876年5月10日，第六届世界工业产品博览会在美国费城举行，当电话、双重发电机、冰库车等大量美国科技成果展

* 索林根位于德国西部，14世纪建市，中世纪开始制作刀具，后来发展为驰名国际的"刀城"，古锐德、萨森豪斯、博克、三叉牌、德迈、欧德罗、双立人、尼格鲁索林根等国际顶级刀具品牌均诞生于此。图为索林根市徽

现在世人面前时，德国代表团带来的却是一批仿制品，招来各国嘲笑。对于德国人的"山寨"行为，英国谢菲尔德公司就不是嘲笑了，而是恨之入骨。早在14世纪，谢菲尔德公司就已经以刀具生产著称，用铸钢打造的谢菲尔德刀剪，被称为最锋利又经久耐用的刀具。1624年，谢菲尔德成立了独立的质量监督机构——刀具贸易公会，为了防止劣质产品流入市场，每年举行一次隆重的销毁次品仪式。然而到1885年，谢菲尔德刀具销售量下降，超过半数的炼钢厂和刀具车间已经连续12年熄火停工。销毁次品的仪式已经连续35年没再举行，因为市场劣质产品实在太多。

这是怎么回事？谢菲尔德刀具关乎英国经济命脉，英国人怀疑自己的产品不再具有质量优势。英国首相罗伯特·塞西尔亲自组织成立皇家调查委员会，出面调查谢菲尔德刀具生产和销售。然而两个多月过去了，调查一筹莫展。1886年1月20日，在德国索林根城，调查员终于发现了秘密，这里有上百家"山寨"作坊，大肆仿造英国刀具，然后打上"谢菲尔德"或者"谢菲尔德制造"的质量检查印章。用铸铁打制的仿制产品看起来和谢菲尔德刀具很相似，可是，无论是锋利度还是坚硬度都不能与之相比。为了不让人起疑，他们先将货运到英国，再从英国出口到世界各地。给索林根提供原材料的是德国"钢铁大王"克虏伯。

皇家调查委员会曝光了德国丑闻，英国企业家再也不能容忍德国人这种卑劣手段，发起了抵制德国产品的运动。谢菲尔德公司要求，所有来自德国的产品必须贴上"德国制造"的标签。1887年8月23日，英国议会通过了《商品法案》，规定英国本土或者殖民地市场从德国进口的产品都须注明"德国制造"，以此将劣质的德国产品与优质的英国产品区分开来。"德国制造"由此成为一个法律新词，成为假冒伪劣的代名词。

（二）耻辱中奋起

在一片歧视、白眼和嘲讽中，莱茵河畔，索林根很多企业倒下了。德国人没有抗议、没有辩解，没有对英国采取报复性的制裁措施，而是彻底反省：占领全球市场靠的不是廉价产品，不是低价格，而是好质量！他们不再盲目扩大生产，不再以低价冲击世界市场，而是卧薪尝胆，专注于生产高质量、经久耐用的产品。大多数德国公司对产品进行创新设计，严格质量把关,展开了一场为质量而战斗的战役,奋力提升本国工业制造能力和质量水平。

很多德国企业又重新站了起来,产品逐渐多样化,产品质量不断提高。作为后起的资本主义国家,德国更乐于采用新技术和新设备,技术逐渐达到世界领先,诞生了至今耳熟能详的西门子、博世和拜耳等一批德国品牌。1890年,卡尔蔡司公司创办。1893在芝加哥世博会上,双立人取得展会唯一的荣誉奖章。1894年和1896年,奔驰分别推出了世界上第一辆汽油机公共汽车和第一辆汽油机载重汽车。

德国产品不仅威胁到英国海外市场,而且大肆打入英国国内市场。1893年德国销往英国的货物比1883年增加了30%,德国贝希斯坦钢琴和普法夫缝纫机等制造商纷纷到伦敦开设分公司。阿司匹林、科隆香水、奥多尔洁牙水、法贝尔-卡斯特尔铅笔、梅克林火车模型、斯泰福绒毛玩具、朗格钟表等品牌更是家喻户晓。1896年英国首相罗斯伯里惊呼:"德国让我感到恐惧,德国人把所有的一切做成绝对的完美。我们超过德国了吗?刚好相反,我们落后了。"此时距离"德国制造"这个耻辱印记被打上不过十年时间,德国作为商业秘密窃贼和产品模仿者的名声已不复存在。

20世纪初,德国的酸、碱等基本化学品产量居世界第一,为世界提供了五分之四的染料,机械产品、电气产品、厨房用具、体育用品均已成为世界上质量最过硬的产品,"德国制造"成了人见人爱的金字招牌和终身可用的质量代名词。在以电气化为代表的第二次工业革命中,德国不是起跑最早的,但后来者居上,在与英、法的激烈竞争中,工业品质量不断提升,成为第二次工业革命的领头羊。1913年，德国经济总量超过英国，成为仅次于美国的世界第二经济大国。

德国武器同样以高质量著称，与高质量消费品带来的幸福所不同的是，德国高质量的飞机、坦克、大炮、火箭、战列舰带给全球的是两次世界大战和无尽的痛苦。

（三）"二战"后坚守

当第二次世界大战硝烟散去时，德国许多城市变成了一片废墟，国土面积锐减近四分之一，国外资产和国外市场被完全剥夺，工业几乎被摧残。1938年德国实物资本约为4150亿德国马克，而"二战"结束时只剩下1900亿德国马克。失去了经济的支撑，德国又开始制作低价劣质的产品，让德国人引以为傲的"Made in Germany"，被戏称为"bad in Germany"，德国产品回到了粗制滥造的时代。只是这样一个糟糕的时期持续时间很短。

20世纪50年代，联邦德国实施"以质量推动品牌建设，以品牌助推产品出口"的国家质量政策，坚持科技创新，大力推进质量和品牌提升，制造业在战后迅速崛起，进入"经济奇迹"时代。1955年联邦德国工业总产值超过英法，重新跃居资本主义世界中第二工业大国的位置。在经济复兴阶段，特别是在"经济奇迹"中期，德国凭着严谨的态度、先进的技术和严格的管理，源源不断地出口汽车、机床和其他高质量产品。"德国制造"这四个字在很多领域成为高质量的保证，在全球确立了"德国品牌，质量一流"的国家形象。

20世纪80年代，德国和日本同样经历了货币大幅升值，这对以出口为导向的两个国家来说，经济面临巨大压力。再加上全球经济危机冲击，让联邦德国经济雪上加霜，工业生产连续三年下降，就业人数连续三年减少，对外贸易连续三年逆差。1982年10月1日，赫尔穆特·科尔临危受命，出任联邦德国总理。科尔总理在《施政纲领》中宣称："不要僵硬的结构，而要更多的灵活性，更多自身的主动性和加强竞争能力。"艰难时刻，"现代工业革命的摇篮"英国更多转向金融，日本也采取大量的金融手段，而德国人依然坚守在实体经济中，紧紧盯住质量发展，不断挖掘潜力、自我改造，推进产业结构升级，收缩国家长期补贴的行业，保存有战略需求的部门，对电子、核电站、航空航天等新兴工业进行"有远见的塑形"。德国十分重视制造业的科研创新和成果转化，对研发的投入毫不吝啬，研发经费约占国民生产总值3%，位居世界前列。科研经费企业承担2/3，联邦政府和地方政府为剩下的1/3买单。经过长达7年的结构性调整，德国制造业浴火重生，产能利用率从1982年的75%，提高到了1989年的90%，挺过了难关。1990年，哈佛商学院教授、"竞争战略之父"迈克尔·波特在《国家竞争优势》中谈论到德国制造业时，这样写道："在这个世界上没有一个国家（包括日本）能够在如此牢固的国际地位中展示其工业的广度和深度。"

德国格外注重完善制度体系，先后制定了《设备安全法》《产品安全法》等法律，单食品安全就构建了《食品和日用品管理法》《食品卫生管理条例》《HACCP方案》《指导性政策》四大支柱。德国标准化学会每年发布上千个行业标准，其中约90%被欧洲及世界各国采用，完善、统一的行业标准成为德国质量的支撑。2004年初，欧盟国际贸易委员拉米建议，欧盟成员国产品一律不分国别，统统使用"欧盟制造"标志，以便欧盟各国企业公平竞争。德国企业家和政治家断然拒绝了这个建议，时任德国工业委员会主席若戈夫斯基说："我们对我们的质量印章感到自豪，我们拒绝使用统一的欧盟生产标志。"2005年德国制定颁布了首部标准化战略，重新定位本国标准和未来方向。严格完善的认证制度是质量的另一个保障，德国有专门对食品的LFGB认证，对元器件产品的TÜV认证，对电器的GS认证，对质量协会的RAL认证，这些认证得到世界消费者的广泛认可。

2007年，美国次贷危机爆发，股市大跌，金融机构纷纷破产。这场金融海啸进而袭击全球，一个又一个国家先后动荡，英国经济萎缩超过7%，GDP转向负增长；法国公共债务总额接近1.3万亿欧元，相当于国民生产总值的三分之二；冰岛国家破产；西班牙失业率攀升至25%。在这场金融危机中，德国率先复苏，无论是住房价格指数，还是经济增速，不但没有下滑，反而明显上扬，德国成为欧洲经济的火车头和中流砥柱。全世界关注的目光再次落向德国，人们意外地发现，幸免的秘诀竟然是曾经被各国相继放弃的制造业。一次，时任英国首相布莱尔向德国总理默克尔询问经济成功的秘诀，默克尔回答说："我们至少还在做东西，布莱尔先生。"

德国有一大批这样的中小企业，它们历史悠久，员工流动率非常低，往往几十年，甚至几百年只专注生产某单一专业化产品，不断加强研发投入，极具发展活力和市场应变能力，产品不是靠价格，而是依靠专、精、尖、特的特点和更高价值，成为所在领域的全球领袖。全世界有3000多家"隐形冠军"企业,其中德国超过50%,其产品以独一无二的技术和高水平的质量,成为无可替代之品,往往占据了全球同类产品市场份额的60%~80%。《南德意志报》称,"德国制造"125年的历史就像一个童话,它是德国在"二战"后崛起的密码,欧债危机中仍一枝独秀的答案。注重质量已经成为德国国民的基本特征,德国人用质量征服了世界,创造了奇迹。

四、日本:质量革命

19世纪60年代末,日本开始改变命运的"明治维新",成为亚洲第一个走上工业化道路的国家,逐渐跻身世界强国之列。1870年,日本近代史上著名启蒙思想家、哲学家西周第一次把"Quality"翻译成"品质"。品质来到了日本,但真正扎下根却是80年后的事。

(一)垃圾产品"东洋货"

明治维新揭开了日本近代历史,第一次世界大战为日本提供了难得的发展机遇,外贸快速增长,很快跻身国际联盟五大常任理事国。但是好景不长,在遭遇1923年关东大地震和1929年经济大危机后,日本国力衰减、外贸受阻,逆差不断增长,由此进一步走上了侵略扩张的道路。20世纪40年代前,日本工业实力积累不够,生产管理水平和产品质量水准均落后于欧美,产品质量一直不佳,即使依靠战争倾销到东南亚的"东洋货",也因为质量低下,不受欢迎。日本在

第 ③ 章 → 世界强国的质量路径

* 1949年、1950年美国品牌Birds Eye分别推出形象Merry（左上图）和Mike（左下图），第二年即被日本食品生产商不二家"山寨"，推出形象peko（右上图）和poko（右下图）

"二战"中战败，武器质量是一个重要因素。1942年6月4日凌晨，夜色深沉，太平洋战争关键之战的中途岛海战即将拉开序幕，日军联合舰队主力战舰和战斗机进入临战状态。当日本重巡洋舰"利根"号2架侦察机准备起飞时，因为弹射器故障，起飞耽误了半个小时。"筑摩"号1架侦察机在飞行途中，引擎又发生故障，中途返航。当日本侦察机发现美航空母舰时，由于无线电报话机发生质量故障而无法向指挥部报告。一再失去战机，最终致使联合舰队主力被歼，损失4艘大型航空母舰、1艘巡洋舰、332架飞机，还有几百名经验丰富的飞行员和3700名舰员。中途岛海战改变了太平洋地区日美航空母舰实力对比。"二战"末期，日本武器故障率更高，海军飞机参战率仅为20%，而美军为80%。日美空战实力如此悬殊，胜败已是注定之事。

第二次世界大战给世界人民带来无尽的痛苦，也摧毁了日本工业化体系。"二战"后，日本到处一片废墟和焦土，119个城市严重被炸被毁，流离失所者达900万人。工业生产能力只相当于战前的31%，农业只相当于60%，因灾歉收致使粮食奇缺，城市每人每天粮食定量仅为297克，并且30%为白薯、大豆或豆饼。

1945年8月15日，日本宣布无条件投降。1946年，驻日盟军最高司令麦克阿瑟批准成立日本科学家与工程师联合会。但是"二战"后，日本一片废墟，由于大量熟练工人死于战场，日本工人整体技能明显低下，产品质量比"二战"时更加糟糕。在大多数西方人的眼中，"日本制造"的含义与"垃圾"无异。西方媒体这样报道日本的产品：玩具玩不了多久就会出现质量问题，灯具寿命短得让人无法接受。对当时的世界来说，"日本制造"意味着低廉的价格和三流的产品，是廉价劣质的代名词，是垃圾产品。

（二）唤醒沉睡的意识

日本政府意识到，只有提升质量水平，才能支撑起战后重建。1949年7月1日，日本颁布实施《工业标准化法》，成立日本工业标准调查会，负责组织制定和审议日本工业标准，对符合标准的产品加贴质量标志JIS。同年9月13日，日本内阁通过《关于产业合理化》的决议，决定由政府主导引进和推广技术，把质量提升摆到与产业结构调整并重的位置，要求制定质量标准、严格监管工业品的规格，实行"质量强企"政策，推动企业依靠创新和技术进步保证和提升产品质量，促进产品开发和品牌建设。也是这一年的10月31日，日本工业标准调查会制定发布了日本第一个工业标准《电机防爆结构》。次年，日本又颁布《农产品标准化和正确标签法》。

然而，大多数日本企业依然对质量发展信心不足，只有少数企业开始意识到低劣产品、恶劣口碑严重阻碍了日本产品进军国际市场，但问题是如何改进？

美国是当时日本经济发展的榜样和老师。1949年，日本科学家与工程师联合会定期开设"质量管理基础课程"，引进美国军方在1940年制定的战时生产标准纲领手册，以及将休哈特撰写的《产品制造质量的经济控制》一书，作为质量管理的教材，希望从中抓住拯救日

*爱德华兹·戴明（1900—1993），世界著名质量管理专家，1951年用稿费捐赠日本设立"戴明质量奖"，图为该奖奖牌

本经济的"救命稻草"。但休哈特书中漫天的理论让日本人摸不着头脑。如果有一个货真价实的美国专家来当面指导多好呀！他们想起了一个人，2年前曾接受盟军最高指挥部指派，来日本参与全国普查准备工作的爱德华兹·戴明博士，他渊博的知识和亲切的态度给日本人留下了深刻的印象。

1950年6月24日，日本隆重举行了一场欢迎戴明博士的

083

宴会，控制了日本80%资本的21位企业家出席。有人向戴明博士提问："日本企业应该如何向美国企业学习质量管理？"没想到戴明却直言不讳地说："不要复制美国模式，只要运用统计分析，建立质量管理机制，5年之后，你们的产品质量将超过美国！"5年之后超过美国？！对于当时的日本人来说，这是一个美好而又遥不可及的梦，他们最大的愿望只不过是恢复到战争前的生产水平。

半个月后的7月10日，在位于东京的日本医药协会大礼堂，戴明博士开始了为期8天的质量管理讲座。听众包括松下电器社长松下幸之助、索尼公司创始人盛田昭夫、丰田汽车总裁丰田喜一郎，还有许多政府高级官员。之后他又来到日本本州岛东南部的箱根镇，为企业高级主管讲授了一天的课。戴明博士用通俗易懂的语言完整地向日本人传授两个方面的质量管理经验。一个是统计质量管理的基础知识，统计学虽然不能由此生产更多的产品，但能为工业生产找出最优化方案，提高产品质量、降低返修率、节约成本。另一个是"戴明环"，又称为PDCA循环，即任何一项活动按照"计划P—执行D—检查C—行动A"工作程序进行，四个步骤并非运行一次就终结，而是周而复始地循环推进，使得产品质量阶梯式上升。

日本最大的广播电视台NHK将戴明的讲座录音制作成广播节目，数百万日本民众通过无线电波收听了讲课。日本人将课程的速记、笔录汇总整理出版了一本书——《戴明博士论质量的统计控制》，读者竞相传播。日本人的质量意识被唤醒了，展开了一场声势浩大的质量改革运动。戴明打破了日本人的两个误区，带来两个重要质量思想影响。第一，日本人一直认为，高质量意味着高成本。而戴明认为，如果一开始就把事情做对，不造成浪费，质量提高，成本反而降低。第二，日本人一直觉得，质量是工人的问题。但戴明认为，大多数质量问题不是工人的问题，而是管理者的责任，由此日本全面质量管理萌芽了。

日本掀起了质量管理的热潮，1955年，日本工矿业生产水平比战前高出90%，农业生产也高出战前水平。也是在这一年，丰田公司推出的皇冠RS车型，首度打入美国市场，后来在20世纪70年代石油危机中，该车凭借耗油量低、外观精巧、价格实惠的优点，在美国市场取得巨大成功。戴明曾追忆说："我告诉他们，可以在5年内席卷全球。结果比我预测的还快。不到4年，来自全球各地的买主就为日本产品疯狂不已。"

1950年后，戴明博士持续近四十年到日本指导质量管理，前二三十年几乎每年都去。日本早期的经营者几乎都受教于戴明博士，并实践他的品质经营理念，由此奠定了日本质量管理的基础。在东京丰田汽车总部大楼大厅最显眼的地方挂着三幅肖像画，第一幅是公司创始人，第二幅是公司现任总裁，第三幅就是戴明。丰田汽车创始人丰田喜一郎曾感激涕零地说："没有一天我不想到戴明博士对于丰田的意义。戴明是我们管理的核心。日本欠他很多！"

（三）占据质量巅峰

在经历了20世纪50年代质量管理引进时期，60年代日本进入质量管理独创时期。日本企业发现，质量提升不能只对产品进行最终检查，而需要全员参与，需要从市场调查、开发、设计直到售后服务的全过程管理。企业为工人主动参与生产管理制定了各种制度，积极倡导"在各道工序中生产优质品"的理念，要求每一道工序必须自我检验，确保向下一道工序输送百分之百合格的产品。这一举措不仅缩减了庞大的质管部门开支，并且使员工清醒认识到自身工作岗位的重要性和职责。日本提出不是舍弃现有工艺方法另起炉灶，而是全体人员自发开展持续性、渐进性的"改善"。"改善"后来成为全世界管理学的通用名词。

1961年，内阁池田勇人在制定并开始实施"国民收入倍增计划"，将"质量救国"战略作为其中一项重要内容，要求从国民经济全局出发，在全国范围推广和加强质量管理。1968年，日本成为世界第二大经济体。1969年10月，首届质量管理国际大会在东京召开，世界著名质量管理大师朱兰博士对日本质量管理特征做了归纳，认为日本将源于美国的统计质量管理发展为全面质量管理、全过程管理质量，其具有预防性和科学性。之后欧美和许多亚洲国家开始引进日本质量管理方法，时至今日，全面质量管理依然是世界主流的质量管理方法。

20世纪60年代末，日本政府开始构建严格保护消费者权益的制度体系，采取集团诉讼、具有震慑力的惩罚性赔款、生产方举证责任、严格追究刑事责任等措施，倒逼企业持续提升产品质量。这个时期，日本集成电路缺陷率仅为千分之一，而美国约为百分之一，这个巨大差距使得美国在日美半导体之战中败北。随着质量不断攀升，日本外贸额急剧增加，经济高速增长。而20世纪70年代两次石油危机，又为日本低成本高质量的产品开拓世界市场提供了机遇。从此，日本企业广告充斥世界各个角落，日本产品从家用电器到小汽车遍及世界各地，"日本制造"变成国际市场上高质量的代名词。

第 ③ 章　　世界强国的质量路径

1980年,美国质量专家哈勒德发表了一篇报道:分别检测3家日本公司和美国公司的30万个16K存储器,发现日本产品出错率为0,美国为1.1%~1.9%。使用1000小时后,美国存储器出错率上升到27倍。在质量的推动下,日本重新走在了亚洲国家的前列,成为世界技术大国,进入了世界经济强国之列。日本取代美国成为世界上最大的债权国,"日本制造"高质量产品充斥全球,三菱集团买下纽约的地标洛克菲勒中心的14座办公大楼,索尼以34亿美元并购了哥伦比亚影业影片公司。美国人惊呼:"日本将和平占领美国!"

第 4 章

我国建设质量强国的前世今生

中华民族历来重视质量。千百年前,精美的丝绸、精制的瓷器等中国优质产品就走向世界,促进了文明交流互鉴。今天,中国高度重视质量建设,不断提高产品和服务质量,努力为世界提供更加优良的中国产品、中国服务。

——国家主席习近平向中国质量(上海)大会致贺信指出(2017年9月15日)

一、近代中国质量衰弱与近代式微

有专家认为，鸦片战争前中国GDP位居世界第一。然而泱泱大国轻而易举地被英、法区区几万人的军队打败，原因何在？或许我们可以从中国三大传统优势产业——丝绸、茶叶和陶瓷的先后衰弱中，揭开谜底。而近代洋务运动和实业救国的努力，最终化为泡影。

（一）中日丝绸之战

中国生丝流传世界上千年，汉代开始对外贸易，开辟"丝绸之路"，之后持续繁荣。19世纪上半叶，英国成为中国最大的对外贸易国，1800年，中国生丝和土布出口英国1333担（1担=100斤），1833年达7923担，增长了近7倍。1843年上海开埠后，中国生丝开始经由上海出口。1853年增加到46655担，上海取代广州，成为全国对外贸易中心。

决定生丝质量有两个重要的环节，一是养蚕，二是缫丝，即从蚕茧抽出蚕丝。生丝作为中国千年优势产业，在经历了19世纪下半叶的辉煌后，20世纪初前后并没能借助工业革命和对外贸易的发展机遇实现新的突破，其中原因纷繁复杂，而养蚕和缫丝没能紧跟技术发展的浪潮，出现了明显的质量短板是关键之一。

19世纪50年代，欧洲的重大蚕瘟给中国生丝发展提供了机遇。法国也是一个以丝织闻名的国家，长期以来其丝织业所用原料主要取自本国自制的生丝。1854年，家蚕孢子虫病摧毁了法国和意大利养蚕业，法国每年因蚕病损失达1亿法郎。

进入60年代以后，中国生丝不仅在质量上超过法国，而且成本上大大低于法国，法国丝织业所用生丝主要依赖中国输入。1870—1874年，中国生丝出口量平均为3784吨，自1887年开始，蚕丝取代茶叶成为中国最主要的出口商品，到1898年蚕丝的出口值约为茶叶的2倍。

尽管法国生丝产业发展停滞了，但科技一直在向前发展。1865年7月，法国著名微生物学家、化学家路易·巴斯德用显微镜观察和研究蚕病，很快发现一种传染病，并传授人们通过淘汰病蛾遏制病害蔓延的方法。但1890年清政府总理各国事务衙门拒绝采用巴斯德检验蚕种制度。而19世纪末期，日本法律就禁止农户个人自制蚕种，规定只有持有政府执照的农户所产的蚕种才能用于育蚕，有效地控制了蚕瘟。到20世纪初，中国蚕瘟已经很严重，20年代中国市场上的蚕种75%~95%有病，日本和法国1盎司蚕种能收获110~133磅蚕茧，而中国只能收获15~25磅。

在缫丝方面，中国同样输给日本。日本发展蚕丝业的时间远远晚于中国，19世纪70年代才开始加入世界产丝国行列，1870年日本生丝出口不过6800担，只相当于中国出口生丝的1/7。明治维新后，日本政府以增产、降低成本、提高质量为目标，制定了一系列技术法规和劝业奖励政策，鼓励引入、推广西方先进技术，日本蚕丝很快以质优价廉打开世界市场，增长速度大大超过中国。19世纪70年代上半期至90年代上半期20年中，日本生丝年产量激增335%。

工业革命改变了世界贸易格局。19世纪下半叶，世界生丝贸易中心位于法国里昂。进入20世纪，美国纽约发展成为新的世界生丝贸易中心,并逐步超过法国,1916年美国进口生丝已占国际生丝贸易额的60%。与法国手织丝绸不同的是,美国丝绸织造业选择使用动力织机,因此需要标准化的原料。日本人敏感地观察到这一变化,很快实现生丝标准化。中国地缘广阔,蚕种多样,加上家庭小作坊生产、分散经营,各地所产生丝质量和规格千差万别。尽管法国买主仍旧喜欢最优等的中国生丝,但美国人更加乐于购买质量符合标准且信得过的日本生丝。

决定容量的是短板的长度,蚕种杂乱和生丝规格不一成为近代中国生丝明显的短板,最终造成19世纪末以降,中国生丝出口虽然仍维持数量增长的趋势,但是在国际生丝市场的地位已在走下坡路,在中国总出口贸易额中所占的相对份额逐渐减少,从19世纪末的40%以上减少到1930年的约16%。1903年,日本出口75650担,第一次超过中国。1916美国进口的233000担生丝中,中国生丝为48000担,占1/5以上。到了20世纪20年代,日本生丝占美国进口的90%,中国只占10%。

(二)中印茶叶之战

茶为国饮,历史悠久。至19世纪初,中国独霸世界茶叶市场二百年之久。1830—1833年,华茶输出价值占中国出口货物总值93.9%,其中1832年,中国出口茶叶达400320担。中国对英国贸易每年顺差二三百万两白银。第一次鸦片战争不仅没有改变中国对英国贸易顺差的格局,而且华茶出口增长更加迅猛,从1846年的46746千磅递增到1856年的63278千磅。第二次鸦片战争后,华茶输出数量继续增长,1870年为138万担,1880年增加到210万担,1886年更达222万担,创下近代茶叶出口数量的最高纪录。然而1886年以后，华茶因严重的质量问题出口急转直下。

华茶质量安全问题由来已久。从19世纪起，英国就开始培养验茶师，在茶叶进出口口岸从事质量检验活动，后来发现所饮的茶为存在质量安全问题的"谎言茶"。1847年，英国发现进口的"谎言茶"达10万磅。1848年，英国东印度公司派遣罗伯特·福琼深入中国内地，窃取茶叶种植、烘焙技术，以便在印度发展茶业。在一家茶叶作坊内，福琼惊讶地发现，工人们撒入一种有颜色的粉末，能让茶叶显得更绿。后来发现这是一种来自德国的绘画颜料——普鲁士蓝，即亚铁氰化铁，一旦进入人体，将严重损害呼吸器官。1851年，在伦敦世界工业博览会上，英国人大张旗鼓地向全世界公布了样品的化验结果。一时间舆论哗然。有了科学的质量检测结果，英国理直气壮地设立贸易壁垒，规定所有未经过验茶师检验的茶叶，海关一律不予放行。

一方面，长久以来中国茶业以小农经营模式为主，"皆零星散处，此处一二株茶树，彼处三两株茶树"现象非常普遍，质量全凭茶农控制；另一方面，茶叶掺假作伪现象越来越严重。张之洞为此斥之："侥幸蒙混，制造粗率，烟熏水湿，气味不佳，兼以劣茶掺杂。"当时掺假作伪形成了一套"技术"，手法主要有三种：第一种是"作伪茶"，在茶叶里掺入白蜡树叶和柳树、冬青等其他外形类似的树叶作伪，甚至掺入带有毒性的黑刺李树叶，以假乱真；第二种是"掺杂茶"，把混合陶土、石膏和铁屑等掺入茶叶中以增重；第三种是"回笼茶"，将喝茶后废弃的茶渣晒干，放在烧热的铜片上烘烤至恢复原来的颜色，以旧充新，然后把好茶与劣茶混合、搭配销售。

正是在这个时期，欧洲已经高度重视食品掺假作伪问题，现代食品立法和监管体系正从萌芽向成熟快速发展。1860年7月，英国议会通过温和的《地方政府打击食品和饮料掺假议会法》，这是近代以来英国"第一部试图管理所有食品的单一立法"。1872年，英国通过《禁止食品、饮料与药品掺假法》。1875年英国议会颁布《食品与药品法》，该法令第30条对进口茶叶检验和茶叶货物处理做出规定："所有进口的茶叶，在抵达大不列颠和爱尔兰的港口后，要接受由海关专员任命的检查员的检验，并要得到财政部的批准，当检查员认为必要时，可以将茶叶样品以适宜的速度提交给公共分析师进行分析。"自此，英国进口茶叶在口岸和市场实行双重检验，即使伪茶千方百计逃过英国海关署的检查，在国内一样会受到稽查和检验。自1875年《食品与药品法》实施之后，英国国内市场上茶叶质量明显改善，掺假作伪现象基本消失。美国也越来越重视食品掺假问题，1897年通过《茶叶进口法》，要求海关检查所有进口茶叶，费用由进口商支付。1915年，民国政府农商部在赴美考察报告中写道：美国不准着色茶进口，各海关处均备有验色器具，一经验出，均在禁止之列。

而印度不断从中国引进茶种，学习中国茶叶种植和加工技术。英国专门派人潜入中国收集茶子、调查种茶方法，加紧在印度植茶。1874年以前，印度茶叶每年出口英国仅100万~200万磅，但是1875年后以每年300万~400万磅的速度增长。在中英茶叶贸易量下降的同时，在英国人扶持下，印度借机规模化发展，阿萨姆、大吉岭和锡兰等茶叶品牌迅速走向世界。1856年起,日本茶开始少量输入美国,因无杂物且品质纯洁,大为购者所欢迎,输出量不断增长。1889年,在英国市场上,印度茶叶首次超过华茶,中国失去主要丝茶输出国的地位;在美国绿茶市场,华茶则受到日本茶排挤。时人指出:"今则红茶植于印度,而中国红茶之利半为所夺矣。绿茶植于日本,而中国绿茶之利又半为所夺矣。"华茶质量衰退直接导致当时中国出口锐减,1895年中国进出口总值达白银3.1亿余海关两(1海关两合1.558银圆),而此时中国外贸逆差达2840万海关两白银,让刚刚经历了甲午战争失败的中国雪上加霜。1900年,印度茶叶在英国市场占有率为50%,锡兰茶占36%,中国茶叶只占10%。

鸦片战争后,中国国力衰弱,商品质量水平总体落后,掺假作伪现象层出不穷。而此时政府根本无力顾及质量安全,无法建立国内监管制度。

(三)中欧瓷器之战

自东汉发明瓷器以后,中国一直占据着这个领域的最高峰。唐代形成了"南青北白"制瓷格局,宋代"定、汝、官、哥、钧"五大名窑驰名中外,明代的景德镇出现"工匠来四方,器成走天下""昼间白烟掩空,夜间红焰烧天"的盛况。千年以来,一代代中国工匠依靠累积的经验和口耳相传,将这门工艺发挥到极致。16世纪中期,新贸易航线开辟,当葡萄牙人和荷兰人从中国将美轮美奂的瓷器带到欧洲时,欧洲人还在使用粗糙的陶器或金属作为餐具茶具,中国瓷器立刻成为上流社会的宠儿。从17世纪到18世纪,中国对欧洲的瓷器贸易达到极盛。

德国炼金术士约翰·弗里德里希·伯特格尔和化学家艾伦弗利德·钦豪斯于1703年开始合作，发现要制造瓷器必须具有两个要点：一为原料，二为温度。1709年，伯特格尔成功烧制出了欧洲第一批白釉瓷器。尽管远远不及中国瓷器那般精致，但已有七成到八成相似。从文艺复兴时期起，欧洲人就已经开始各种科学实验和材料分析。4年来，伯特格尔做了3万次实验，定量分析和细微调节瓷土中元素的配比，细致调整烧制过程。他详细记录了全部的实验过程和结果，以及每一次实验之间的细小差异。欧洲不仅研制出了自己的瓷器，而且创造了瓷器质量的新时代。伯特格尔的成功给萨克森带来了巨大的财富和荣誉，德国麦森至今依然是世界瓷都之一，在国际高端瓷器市场占有很大份额。

就在伯特格尔制成第一批瓷器的1709年，法国传教士殷弘绪来到中国。依靠和江西巡抚郎廷极的私人关系，得以常驻景德镇，自由进出当地的大小陶瓷作坊，逐渐熟悉窑场制造瓷器的各项工序与技术。1712年，殷弘绪把高岭土制瓷的秘密"二元配方"制胎法写成报告，寄回欧洲。1715年，又把高岭土的标本寄往法国。1722年，殷弘绪再次回到景德镇，调查清楚金彩、色釉瓷、紫金釉、龙泉瓷、黑釉、红釉、窑变等技术特点和制作要领，然后写信寄回欧洲。至此，仿造中国瓷器的所有困难都解决了。

在奥古斯都二世制造出瓷器的50年里，大小瓷器厂遍及欧洲。基于科学实验和成分分析的欧洲瓷器生产，有着更优化的配方方案，更好的技艺制造传承，显示出更加强大的威力。在仿制中国瓷器最流行的图案后，欧洲工厂开始尝试研发釉料和新样式，发明了镀金装饰、丝网印刷等技术，制造了一系列欧式艺术装饰风格的崭新瓷器。

18世纪中叶，欧洲制瓷和中国一样，也是手工制造。1762年，英国人乔赛亚·韦奇伍德开始研究新的制陶瓷技术，实验成功了米白色瓷器，被夏洛蒂王后选用。接着，韦奇伍德研究成功将蒸汽机应用于瓷器生产，以机器取代了研磨黏土和制作陶坯等非常耗费人力的工作，大大提高了瓷器的制造效率。经过对制作流程和工艺的改进，工匠们的职责分得很细，每个工种的技能都达到了很高的水平，不同批次的瓷器品质都得到了保障。后来，韦奇伍德被称为"英国传统陶瓷之父"。而韦奇伍德牌瓷器一直是世界最高端的瓷器之一，引领着世界风尚。

1792年，英国东印度公司停止购买中国瓷器。次年，借着乾隆皇帝83岁生日宴会的机会，马戛尔尼率领英国外交使团带着贺礼第一次来到中国，试图建立贸易关系。乾隆皇帝傲慢地对马戛尔尼说："天朝物产丰盈，无所不有，原不借外夷货物以通有无。特因天朝所产茶叶、瓷器、丝锦为西洋各国及尔国必需之物，是以加恩体恤，在澳门开设洋行，俾日用有资，并沾余润。"乾隆婉拒了英国使团的建议，也堵塞了与世界沟通的渠道。由于使团居然不对他行三跪九叩大礼，盛怒之下，乾隆皇帝决定，将使团所有贺礼封存进圆明园府库，而贺礼之中就有韦奇伍德瓷器。如果当年乾隆能够看一眼这件精美的瓷器，还会不会说出"天朝物产丰盈"？会不会看到天朝的危机？可惜的是，历史从来不可以假设。1860年，英法联军火烧圆明园，重新取走这些礼物。

（四）洋务运动和实业救国的失败

第二次鸦片战争的失败促成洋务运动，有识之士打出"自强"和"求富"旗帜，提出"师夷长技以制夷"口号，引进西方军事装备、机器生产和科学技术。肇始于19世纪60年代的洋务运动，引进西方铸铁、炼钢和轮船、火车、机器、枪炮建造等先进科学技术。1861年，曾国藩创建安庆军械所，集合了一批当时著名的科技专家，主造子弹、火药、炮弹等武器，制造出我国第一台蒸汽机和第一艘轮船。1865年，李鸿章创办江南制造局，模仿世界先进技术，成功研制中国第一门钢炮、第一支后装线膛步枪，成为近代中国最大军火工厂。技术可以通过仿制迅速提高，质量则需日积月累。江南制造局军备品质并不好，且成本高于购买价格。连李鸿章都拒绝用国产林明敦枪列装淮军，继续进口价廉物美的洋枪洋炮，而北洋水师只是一支"买来的舰队"。

1866年，左宗棠创办福州船政局，为清政府创办的规模最大的船舶修造厂。最初只能制造150马力以下的木壳船，1887年制成第一艘铁甲船。1877年左宗棠又筹设兰州机器织呢局，为中国最早的一家机器毛纺织厂。因所购机器性能与当地原料不合，以致产品质量差、成本高、销路不畅。清末，中国对钢铁需求激增，主要依赖进口。1890年张之洞创建汉阳铁厂，1894年6月开炉炼铁，然而所炼钢料不符合铁路钢轨的要求。1896年，改造全厂冶炼设备，并生产火炮、步枪、火药等，比较注重质量，"汉阳造"成为响当当的品牌。1898年7月12日，清廷颁布《振兴工艺给奖章程》12款，奖励工艺创新和质量改进。清光绪三十年（1904年），我国历史上第一部正式商标法

建设 质量 ⎯⎯⎯→ 强国

规《商标注册试办章程》诞生。1911年颁布《大清著作权律》，从法律上提倡、保护和嘉奖从事科技、兴办实业和提高质量的人员。

纺织成为轻工业首选发展产业。1878年李鸿章又主持筹建上海机器织布局，著名学者、实业家郑观应周密拟定《招商集股章程》。从弹花、纺纱到织布全部用机器，所纺的纱和织的布质量大体上与进口纱布相当。1893年，毁于一场大火，发展受挫。19世纪60年代，上海和广州就尝试建立蒸汽缫丝厂，但因遭到传统利益者的反对而失败。人才是基础，中国有识之士开始兴办培训学校。1897年，杭州知府林迪臣委托青年才俊邵章在西子湖畔金沙港关帝庙和怡贤王祠附近建立中国第一所

* 1898年4月1日蚕学馆开学，办学宗旨为："除微粒子病，制造佳种，精求饲育，改良土丝，传授学生，推广民间。"图为1898年11月，邵章（前排右三）与来访的日本东京西原蚕业传习所所长本多岩次郎清等及蚕学馆师生合影

蚕业学校——蚕学馆，1909年改组更名为浙江省立蚕桑学校。1904年，蚕学馆第一批学员史量才创办私立上海女子蚕业学堂，1911年学堂改为公立，迁址苏州，更名为江苏省立女子蚕业学校。1918年金陵大学成立蚕桑系。这些学校不仅为中国培养了第一批蚕桑专业人才，并积极改良和发放蚕种，成为江浙良种的主要提供方，真正走的是产学研相结合的道路。20世纪20年代杭州、镇江等地建立蚕种试验站，民国浙江和江苏省政府建立了蚕业改良场，一批私人制种场也相继成立，积极推进以"改良"蚕种代替"土"种。在嘉兴，1928年使用"改良"蚕种的比例只有5%，7年后上升到50%。

清末，中国资本主义开始萌芽，缓慢打开工业化大门，艰难步入工业质量时代。伴随现代科学和工业化大生产的发展，与之相适应的质量管理方法也同步发展，奠定了现代质量发展基础。

在爱国救亡洪流中，一批有识之士倡导和开展实业救国，推动质量进步，国家质量管理意识启蒙。1912年，张謇出任北洋政府农商总长，增设专职机构：巴拿马赛会事务局和驻美赛会监督处，保证优质产品参展；棉、糖、林、牧试验场，采集、培育和推广良种，评定品质；工业品化验处，鉴定产品质量、指导产品改良；商品陈列所，比较物品优劣；权度委员会，制定权度法规。之后他实施棉铁主义时，不遗余力地招良工、育良种、产良品。

引进国外技术，开始建立适应工业化生产的标准和计量体制。清光绪三十四年（1908年），清政府农商部设立度量衡权衡局，向法国万国权度局（国际计量局）定制铂铱合金营造尺和库平两砝码原器，中国传统的度量衡制度首次与国际米制公约对接。后南京国民政府颁布《权度标准方案》《度量衡法》，1923年颁布《商标法》，把工业产品的标识用法律形式固定下来。1929年成立全国度量衡局，行使全国度量衡统一事宜。1931年在全国度量衡局下设工业标准化委员会，组织拟定工业标准。据统计，截至1943年6月，共征集国外工业标准18278种，其中包括译述类3833种，编定拟议国内工业标准759种。

仿照西方质量管理体制，建立商会及同业公会等组织管理机构。1914年，国民政府颁布《商会法》，1929年颁布《工商同业公会法》，1930年颁布《工商同业公会法施行细则》，规定其宗旨为"维护同业公共利益，矫正营业上之弊害"。1934年，在《特种工业奖励法》《奖励特种工业审查标准》的基础上，修订《工业奖励法》，鼓励生产优质产品。1936年，颁布《小工业及手工业奖励规则》，奖励产品优良者。

中国对外贸易早期，外国检验机构在国内口岸设立商品检验公证所，往往袒护本国商人经济利益，控制了中国的进出口商品检验主权。1914年，中国近代实业家、北洋政府农商总长张謇提出："在汉口、上海、福州等销茶地点，设立茶叶检查所，遴派富于茶叶学术经验之员，督同中西技师，前往办理。凡出口茶之色泽、形状、香气、质味，均须由检查所查验。其纯净者，分别等级，盖用合格印证；其有前项伪情弊者，盖用不合格印证，禁止其买卖。"次年设立永嘉茶叶检验处，查温州茶叶、禁假茶出口。1922年，万国生丝检验所按纽约所的检验方法承接业务，出具质量证书，但后因遭洋行反对而关闭。1928

年，南京国民政府收购万国生丝检验所设备，成立生丝检验处，颁布《商品检验法》。1928年，南京国民政府工商部颁布《工商行政纲要》，提出："于全国重要通商口岸设立商品检验局，举各种重要商品加以检验，一方面限制窳劣商品不得输出，使我国商人于世界增进其贡献；一方面证明我国输出商品其优良已合于文明各国需要，而不得再事藉口禁止输入。"

1929年，南京国民政府工商部颁布了《商品出口检验局暂行章程》，组织对进出口商品进行统一管理。这年3月，上海商品检验局成立，对棉花、生丝、豆类、桐油和牲畜正副产品等中国重要输出商品实施检验，颇具效果。中国植物病理学教育先驱邹秉文担任局长。1932年，蔡元培三子、畜牧兽医学家蔡无忌接任局长。1931年，中国著名农学家、被誉为"当代茶圣"的吴觉农任职上海商品检验局，制定了一整套出口茶叶检验标准、细则与实施办法，首创茶叶出口口岸和产地检验制度。茶叶检验制度的建立和机构的设立，对出口华茶质量起到明显的监督作用，有效地防范了茶叶掺假作伪的现象。

在科学和试验的基础上，形成技术检验管理模式。1928年，南京国民政府工商部呈请国民政府设立工业试验所，提议"借助于精密之仪器及纯粹之药品"，提升质量检验能力。1930年，正式建立工业试验所，下设工业原料分析室、汽车染料实验室、机械设计室等17个试验室，以及纤维实验厂、纯粹化学药品制造实验厂等11个实验工厂和3个推广改良工作站。

虽然举步维艰，但国内民族资本开始破冰发展，一批爱国实业家创办面粉厂、纺织公司、火柴公司、搪瓷厂等，争取产业独立。比如民族资本创立"象牌"水泥与日木"龙牌"水泥展开竞争，生产的"红三角""红五星"牌纯碱，在1926年美国费城万国博览会上荣获金奖，1934年销售量占国内市场55%的份额，超过一直处于领先地位的英国卜内门洋碱公司。

二、萌芽阶段：革命时期党领导下的质量工作

尤其值得肯定的是，新中国成立前，中国共产党领导革命老区、抗日根据地和陕甘宁边区等地的经济活动，在扩大生产的同时，注重提升军工产品和消费品的质量。

毛泽东同志指出，一个工厂内，行政工作、党支部工作与职工工会工作，必须统一于共同目标之下，这个共同目标，就是以尽可能节省的成本（原料、工具及其他开支），制造尽可能多与尽可能好的产品，并在尽可能快与尽可能有利的条件下推销出去。从井冈山到延安到各个根据地，各级支部和工会积极行动，团结联系群众，组织群众运动，对"能使生产产量高、质量好、成本低的一切办法，都应奖励"，共同改善工厂的生产和管理。陕甘宁边区各公管工厂联席会议、陕甘宁边区工厂职工代表大会等，都专门研究出台土布、毛布、毛呢、毛巾以及纸、肥皂、鞋子、火柴和其他副产品的生产标准。1942年3月，边区政府建设厅就统一度量衡问题发布命令，规定在边区使用度量衡的标准，从技术角度促进了质量改善。

在大生产运动取得明显成效后，从追求产量转变到量质并重。1942年12月，毛泽东同志在中共中央西北局高干会议上所作的《经济问题与财政问题》书面报告，大篇幅强调发展边区工业，要求"逐步发展民间手工纺织业，扩大其数量，改善

其质量,就是边区的极重要任务"。中共中央西北局1944年7月印发《关于争取工业品全部自给决定》,提出的7项任务中有3项是关于提高质量的要求。1944年11月的第二届参议会第二次大会上,边区政府专门剖析"(农业)偏重数量不讲求精耕细作的倾向,工业方面也存在着重量不重质的倾向"问题,并提出改进措施。

注重依靠技术和人才组织生产和改进质量。党中央和边区政府制定了多项吸引人才的措施,颁布《中共中央关于工矿业政策的指示(草案)》,对技术专家作出经费补助、技术深造等重大奖励。各类干校、技术学校等纷纷行动起来,加强教育,提高工人的质量技术素养。《中共中央关于延安干部学校的决定》要求,凡带专门性质的学校(例如军事的、政治法律的、财政经济的、自然科学的、文艺的、师范教育的、医学的等等)应以学习有关该项专门工作的理论与实际的课程为主,以此提高工人的质量技术素养。工人待遇也根据技术和质量水平加以差别对待,如除伙食、衣服日用品、杂费外,"工人按其技术水平,质量产量,劳动态度规定由工厂给付工资二斗至八斗(小米)"。

边区政府动员群众广泛参与改进质量工作,发挥先进示范引领作用,多次召开表彰大会。1945年1月,毛泽东同志在陕甘宁边区劳动英雄和模范工作者大会上号召,一切产品,不但求数量多,而且求质量好,耐穿耐用。边区职工代表提出倡议,"要认识质的提高,也就是量的增加,质量是第一位"。边区总工会总结模范工人的7条标准,其中一条就是数量最多、质量最好。边区开展群众性竞赛活动,举行"纪念五卅生产大

建设 质量 ⎯⎯⎯→ 强国

竞赛""纪念刘志丹生产周"等，依靠群众改善生产和管理，劳动热情一浪高过一浪。

边区产品质量的不断提升，为经济建设和军事斗争胜利提供了保证。以军工产品为例，随着生产能力进步，党和军队对军工产品的质量要求逐步提高，军工生产能力和供给水平也不断提高。1937年10月22日，毛泽东同志等就关于增设兵工厂事致电周恩来、朱德、彭德怀、任弼时，"准备在延长设立兵工厂造枪，即造土枪亦好"。1941年11月，中央军委提出要大量生产手榴弹、地雷等，"以便到处与敌斗争，以量胜质"。这些都是最根本的需求，反映出对武器装备质量水平的无奈。中央特别强调只有质量好，才能在战场上起胜利作用；只有数量多，才能起更大的作用；成本低，才能不受财政限制，而增加数量，这三者是相互结合一致的。边区政府设立军事工业局，加强兵工厂管理，促进质量水平不断提升。1945年8月6日，朱德同志致电中共

*延安革命纪念馆中陈列的"延安兵工厂工人在生产"照片（冯军摄）

中央和毛泽东同志，对增加军工产品品种提出规划。1948年1月，党中央提出兵工生产方针是为争取革命战争的胜利而服务，为此必须要求生产品数量众多；生产品质量优良，检查严格；生产品成本低廉。在党的领导下，军工产品品种不断丰富，武器装备质量不断提高，为解放战争胜利提供了坚实基础。

三、起步阶段：建设时期的艰辛探索

新中国成立之初，我们继承了一个千疮百孔的烂摊子，各项事业百废待兴，党和国家的主要任务是巩固和捍卫新生的人民政权，迅速稳定市场，安定人民生活，恢复和发展生产。毛泽东同志指出："数量不可不讲，质量要放在第一位，要提高质量、规格，增加品种。"

我们党开始了执政条件下的经济建设的探索，对资本主义工商业进行利用、限制、改造，扶持和指导个体工商业恢复和发展生产经营，建立和壮大国营经济。随着社会主义建设不断深入，迅速恢复对工业生产特别是重工业产品的质量管理，集中全国优势资源优先建立以钢铁、冶金、装备制造等为核心的较为完备的重工业体系。引进苏联以检验把关为主的质量管理体制，大量工业企业逐步建立健全质量管理制度，在促进国民经济迅速恢复和发展中做了大量卓有成效的工作，发挥了重要作用。

1950年10月1日，中央私营企业局公布了新中国第一号注册商标——"太阳"。1949年10月，颁布第一项在全国适用的标准《工程制图》。1958年，由国家技术委员会颁布第一号国家标准GB 1《标准化工作导则》，被称为我国的"一号标

准"。1959年6月25日，国务院发布了《关于统一计量制度的命令》，确定公制为全国的基本计量制度。1962年11月颁布第一个《工农业产品和工程建设技术标准管理办法》，制定了第一个标准化发展规划《1963—1972年标准化发展十年规划》。扶持和指导个体工商业恢复和发展生产经营，强化统购统销，推动公私合营，组织物资交流，活跃城乡市场，发展和壮大国民经济，在促进国民经济迅速恢复和发展中进行积极探索，发挥了重要作用。

20世纪50年代，鞍山钢铁厂创立了"两参一改三结合"制度，"两参"即干部参加生产劳动、工人参加企业管理，"一改"即改革企业中不合理的规章制度，"三结合"即在技术改革中实行企业领导干部、技术人员、工人三结合的原则。1960年毛泽东同志把"两参一改三结合"的管理制度称为"鞍钢宪法"。20世纪60年代，大庆油田提出"三老四严"（对待革命事业，要当老实人，说老实话，办老实事；对待工作，要有严格的要求，严密的组织，严肃的态度，严明的纪律）工作要求。这些都逐渐成为我国独立自主总结推广的质量管理方法。

经济社会发展，也推动计量等质量技术的进步。在抗美援朝的战场上，志愿军的炮弹有时在膛里就爆炸或者飞不远，造成严重影响。曾任华北企业部兵工局工程师的老党员钟林挺身而出，指出主要问题是大炮的口径和炮弹的口径不符，主要原因是技术、计量问题。中央决定让他担任机械工业工具研究所所长，组织攻克技术难题。为统一兵工生产的几何尺寸、研究生产样板，1952年2月，在北京市郊的一座荒山上，研究人员克服种种困难，筹建第一个精密机械加工车间和一个精密测量室，利用高精度的校准样板统一军工产品的量值。后来，这个研究所发展为中国计量院，得到多位党和国家领导人的关心指导，称为"共和国的宝贝"。

"文化大革命"时期，工农业生产和质量工作都受到很大冲击，产品质量大幅度下降，给国民经济造成极大危害。时任国家计委主任的袁宝华曾举过一个例子，说："我们生产的红砖，像食品店里的桃酥一样脆，而食品厂生产的桃酥，却像砖头一样硬。""文化大革命"后期，周恩来同志果断组织解决质量问题，邓小平同志专门提出"质量第一是个重大政策"，要求各地狠抓产品质量整顿。但在"四人帮"的破坏干扰下，我国产品质量低劣状况没有改观，质量工作艰难前行。

四、发展阶段：改革开放后的迅猛发展

改革开放初期，我国开始从计划经济体制转向社会主义市场经济，人民物质需求快速增长，各类商品供不应求。中央先从工业领域入手，解决严重的质量问题，开始包括班子、制度、管理等方面的整顿。1978年4月，中共中央发布《关于加快工业发展若干问题的决定（草案）》，简称"工业三十条"，其中对产品质量、品种、规格和标准等提出要求。1980年3月，国家经委颁布《工业企业全面质量管理暂行办法》，推动工业企业实施规范化、制度化质量管理，提高质量控制能力。1985年实行产品质量国家监督抽查制度，国务院1986年4月颁布的《工业产品质量责任条例》，规定不合格工业品由生产企业承担修复、更换、退货责任，这是"三包"制度的开始。

同时，我们在改革开放中开始引进国际先进管理方式。1978年8月，日本著名质量管理专家、东京大学名誉教授石川馨率团访问中国，介绍日本的全面质量管理模式，并对中国质量工作提出14条建议。当年，一机部在南京电瓷厂举办质量管理培训班，国家经委确定北京内燃机总厂、北京清河毛纺织厂为全面质量管理（TQC）试点企业，标志着质量管理活动迈出全员参与的第一步。北京内燃机总厂在吸收日本小松制作所的管理经验后，于1978年9月发布我国第一个QC小组成果。《质量管理小组注册登记暂行办法》《质量管理小组暂行条例》《质量管理小组活动管理办法》等相继实施，推动企业质量管理逐步趋向多元化。1978年8月31日，全国第一次"质量月"广播电视大会隆重召开，李先念、余秋里、方毅、陈慕华、王震、谷牧、康世恩等多位领导人出席。会后，国家经委领导带头深入基层检查，各部部长亲自站柜台、访问用户、背废次品，带动全国各地广泛开展质量宣传活动。1992年，首都新闻界组织"中国质量万里行"采访报道活动，成为20世纪90年代初期最有影响的社会活动之一，推动全社会质量意识的迅速提高。

随着改革开放进一步深入，特别是加入世贸组织后，大量进口产品进入国内市场，"中国制造"也面临严峻的国际市场竞争，质量成为增强综合经济实力、满足人们生活需求和抢占国际市场的关键。为减少质量工作与国民经济发展要求和国际先进水平之间的差距，国务院决定将1991年定为"质量、品种、效益年"，促使企业逐步走上投入少、产出多、质量好、消耗低、效益高的发展道路。1992年7月，国务院发布《国务院关于进一步加强质量工作的决定》；1993年，全国人大常委会审议通过《产品质量法》；1996年12月，国务院印发《质量振兴纲要（1996—2010年）》；1999年11月，国务院印发《关于加强产品质量工作若干问题的决定》；2003年11月施行认证认可条例，ISO 9001质量管理体系认证和相关产品质量认证逐步兴起。

针对假冒伪劣产品问题，1989年9月，国务院发出《关于严厉打击在商品中掺杂使假的通知》；1992年7月，国务院发出《关于严厉打击生产和经销假冒伪劣商品违法行为的通知》；1993年7月，江泽民签署主席令颁布《关于惩治生产、销售伪劣商品犯罪的决定》；2010年11月起，按照国务院统一部署，全国开展打击侵犯知识产权和制售假冒伪劣商品专项行动，打假治劣工作转入集成化作战。

五、腾飞阶段：新时代迈向质量强国的战略举措

经济全球化深入发展，以质量为核心要素的标准、人才、技术、市场、资源等竞争日趋激烈，人民日益增长的美好生活需要和不平衡不充分的质量发展之间矛盾突出，经济发展更加注重质量效益，全面提升质量势在必行。党的十八大以来，我国质量强国建设进入新的发展时期。

以习近平同志为核心的党中央把质量工作放在更加突出的位置。中央明确提出，要把推动发展的立足点转到提高质量和效益上来，坚持以提高发展质量和效益为中心。习近平总书记发表了一系列关于质量发展的重要论述，还专门向中国质量大

会、第39届国际标准化组织(ISO)大会致信,多次强调消费品质量、装备制造质量、建筑工程质量、服务质量等问题,强调要推动中国制造向中国创造转变,中国速度向中国质量转变,中国产品向中国品牌转变。习近平总书记明确提出,供给侧结构性改革的主攻方向是提高供给质量,提升供给体系的中心任务是全面提高产品和服务质量,要求树立质量第一的强烈意识,开展质量提升行动,下最大气力抓全面提高质量。

2012年以后,"质量强国"逐步被写入党中央、国务院文件中。2012年2月,国务院出台《质量发展纲要(2011—2020年)》,提出"建设质量强国"的目标和任务。2014年9月,李克强同志在中国质量(北京)大会上提出"大力实施质量强国战略"。2016年3月,"建设质量强国"写入政府工作报告。"质量强国"还相继被写入国家"十三五"和"十四五"发展规划纲要中。

2017年9月,《中共中央 国务院关于开展质量提升行动的指导意见》出台,强调"将质量强国战略放在更加突出的位置"。2017年10月,习近平总书记在党的十九大报告中指出,我国经济已由高速增长阶段转向高质量发展阶段,要坚持质量第一、效益优先,建设质量强国。2018年3月,党的十九届三中全会审议通过了《深化党和国家机构改革方案》,将"组织实施质量强国战略"列为新组建的国家市场监督管理总局的一项重要职责。党的十九届五中全会再次提出,坚定不移建设质量强国。"质量强国"成为国家战略。这个战略的提出,充分体现了以习近平同志为核心的党中央着眼党和国家事业全局,顺应人民对美好生活的向往,充分体现了党和国家推动质量发展、

第④章 → 我国建设质量强国的前世今生

* 以"质量·变革·共享"为主题的中国质量（深圳）大会，于2019年12月5日至6日在深圳举行（王嘉摄）

建设质量强国的坚定决心。

这一时期，质量工作制度政策创新进入"快车道"。2012年1月，国务院印发《质量发展纲要（2011—2020年）》。2013年5月，国务院办公厅印发《质量工作考核办法》。2014年7月，国务院部署启动首轮对各省级政府的质量工作考核。国务院建立全国质量工作部际联席会议、国务院标准化协调推进部际联席会议、全国认证认可工作部际联席会议等制度，批准设立"中国品牌日"，先后印发《计量发展规划（2013—2020年）》《深化标准化工作改革方案》《国家标准化体系建设发展规划（2016—2020年）》《装备制造业标准化和质量提升规划》《消费品标准和质量提升规划（2016—2020年）》。

2014年12月，首届中国质量奖颁奖，45家组织和4名个人获得质量奖和提名奖。中国质量奖是中国质量领域的最高荣誉，旨在表彰质量管理模式、管理方法和管理制度领域取得重大创新成就的组织以及为推进质量管理理论、方法和措施创新作出突出贡献的个人。目前中国质量奖已经评选表彰了4届，共有303家组织和35名个人获中国质量奖和提名奖，成为推动质量效益提升、助推质量发展的有效抓手和平台。其中，海尔集团"人单合一双赢"管理模式和"日事日毕日清日高"的工作方法、华为集团"以客户为中心，以奋斗者为本"的服务模式、格力集团"让世界爱上中国造"完美质量管理模式、上海振华重工"不欠债离岸"管理理念，以及被称为"为火箭铸心的人"大国工匠高凤林等，都是我国质量管理理论的探路者和质量发展史上的典型代表。

质量管理体制改革不断深化，管理机制不断优化创新。以质量安全监管为核心，以生产许可、监督抽查、信用监管、缺陷召回、维权投诉、执法打假等为支撑的制度体系日益健全深化。"放管服"改革，激发市场活力，生产许可证制度改革不断深化，企业自愿认证、现场审查后置、"一企一证"等改革措施相继到位；标准化工作改革扎实推进，团体标准从无到有，企业标准自我声明公开和监督制度全面推行。尤其是质量工作体制历经多次改革并不断加强，从分散协调抓质量转向集中统一抓质量，组建成立国家市场监督管理总局，推动实施质量强国战略进入新时代。

目前，全国"质量强（兴）省"实现全覆盖，30个省份设立政府质量奖，90%以上的市县开展"质量强市（县）"活动，"质量月"活动累计参与人次超过6亿，"3·15"消费者权益日等活动影响日益扩大，全面质量管理、六西格玛、QC小组等先进管理方法广泛运用。截至目前，我国累计注册QC小组4200余万个，创造可计算经济效益近1万亿元，追求质量成为全社会的自觉行动。日本学者称，中国经济取得惊人发展有很多原因，不可否认的一大重要因素就是开展了质量管理活动。

我国质量工作取得了明显成效，产品质量、工程质量和服务质量水平明显提高。产品质量国家监督抽查平均合格率从1985年的66.5%提升到90%以上并持续保持稳定。中国消费者协会统计的质量问题投诉比重近5年来下降了10个百分点。载人航天、大型飞机、高铁装备等一批重大技术装备取得突破，工业品、食品、特种设备等质量安全形势稳中向好。重点工程质量优良率达到100%，重点服务行业质量满意度保持在"比较满意"区间，电商产品质量监测合格率稳步提升，人民群众的质量获得感明显提升。欧美对我国出口商品通报召回数量近年来逐步降低，中国制造、中国建造、中国服务逐步走向世界。

回顾我国70多年来质量工作历程，可以看到五个趋势性变化：一是质量工作模式从政策引导逐步转变为法治规范和改革创新相结合。质量管理向法治化制度化转变，《产品质量法》《食品安全法》《消费者权益保护法》《进出口商品检验法》等一大批法律法规施行，以质量安全监管为核心，以生产许可、监督抽查、信用监管、缺陷召回、维权投诉、执法打假等为支撑的制度体系日益健全。二是质量监管从部门监管逐步转变为全社会参与的综合治理。监管方式上，除了行政性命令外，还强调加强宏观管理、公共服务、法制建设、社会自我调节等多种方式，企业和社会组织等在质量工作格局中的作用日渐加强，企业主责、地方总责、部门监管、社会参与的大质量工作机制逐步完善。三是质量工作重点从杜绝残次品逐步转变为加强监管和质量提升两手抓。进入新时代，质量问题突出表现为质量需求和质量供给之间的矛盾，这要求在继续加强监管、规范市场秩序的同时，通过市场机制来调节生产、交换、分配和消费，大力开展质量提升行动，不断提升产品和服务质量水平。四是质量服务对象从为用户服务逐步转变为以人民为中心。我们坚持以满足人民群众需求和增强国家综合实力为根本目的，推动质量评价由追求"合格率"向追求"满意度"跃升，将产品质量评价指标从以标准为中心转向以人为中心，质量服务对象逐渐从经济学范畴转为政治学范畴。五是质量进步体现在依靠向国外学习逐步转变为"引进来"和"走出去"并重。我国成功举办4届中国质量大会、第39届国际标准化组织（ISO）大会，推动中国质量管理和中国标准走向世界，不断扩大中国质量的国际影响力，为全球质量治理提供了中国智慧和中国方案。

第 5 章

我国质量强国建设的现状和方向

推动中国制造向中国创造转变、中国速度向中国质量转变、中国产品向中国品牌转变。

——习近平总书记在河南考察中铁工程装备集团有限公司时指出（2014年5月10日）

第 ⑤ 章　　　一 我国质量强国建设的现状和方向

一、我国整体质量水平分析

改革开放以来，特别是党的十八大以来，我国经济快速发展，经济实力实现了大幅跃升。目前，我国经济总量已超过100万亿元，是世界第二大经济体，占全球经济的比重提高到17%以上。

数据显示，我国的工业产值在2010年超越美国排名全球第一，2018年时更是超过了美日德的工业产值的总和。目前，在世界500多种主要工业产品当中，我国有220多种工业产品的产量居全球第一。我国已拥有41个工业大类、207个工业中类、666个工业小类，形成了独立完整的现代工业体系，是全世界唯一拥有联合国产业分类中全部工业门类的"全产业链"国家。

与此同时，我国制造业的竞争力不断增强，制造业专利申请量保持了14年的高速增长，2019年我国首次跻身全球制造业创新指数15强。"墨子号"量子科学实验卫星、第三代核电"华龙一号"、C919大飞机、蛟龙号深海载人潜水器……多个大国重器彰显中国制造自主创新实力和强劲竞争力。在2020年新冠肺炎疫情防控期间，强大的制造业基础在我国快速战胜疫情中发挥了至关重要的作用，也为全球疫情防控提供了强大支撑。

我国经济快速发展，不仅体现在"量"上，更表现在"质"上。党和国家一直高度重视质量，制定实施质量强国战略，推动开展质量提升行动，召开中国质量大会等；在地方层面，各地普遍开展了"质量强省、强市、强区"活动等；在社会层面，每年开展"质量月""品牌日""计量日"等活动,重视质量、抓好质量的社会氛围基本形成。我国质量提升呈现出"稳中有进"的局面:产品质量总体水平在提升,工程质量不断好转,环境质量在改善之中,重点服务领域顾客满意度保持在"比较满意"的水平。

以产品质量为例。国家市场监督管理总局公布的数据显示,近些年市场监管部门进行产品质量抽查,产品不合格发现率基本稳定在10%左右。一些重要产品的质量都有明显提升。

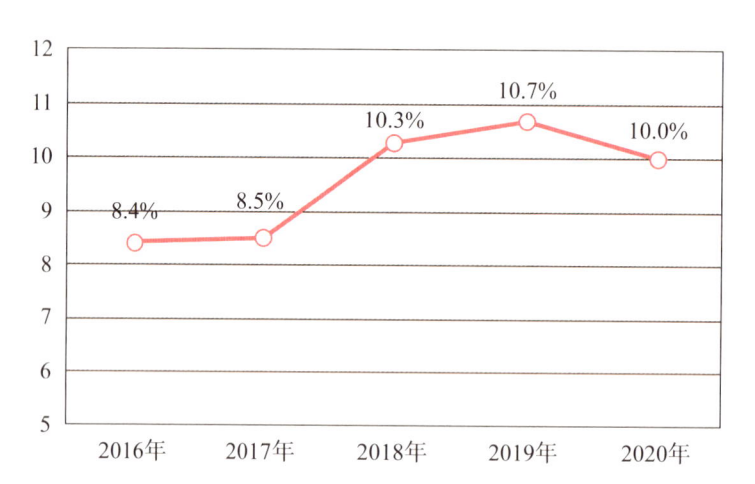

* 2016—2020年国家监督抽查批次不合格发现率情况。数据来源:市场监督管理总局官网

从企业规模情况看,大型企业产品批次不合格发现率持续保持较低水平,中型企业产品批次不合格发现率呈逐年下降趋势,大中型企业产品总体质量水平较好;小型企业产品批次不合格发现率高于大中型企业,产品质量有待提高。

从产品批次不合格发现率分布情况看,产品批次不合格发

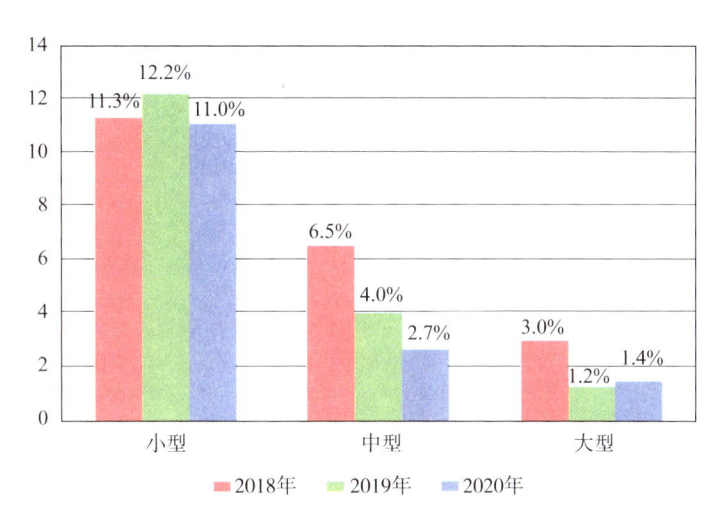

第 ⑤ 章　→ 我国质量强国建设的现状和方向

* 2018—2020年大中小型企业产品批次不合格发现率对比情况。数据来源：市场监督管理总局官网

现率低于10%的产品（种类）占比呈逐渐上升趋势，产品批次不合格发现率介于10%至20%之间的产品（种类）占比基本维持在一个较低的范围，产品批次不合格发现率高于20%的产品（种类）占比呈逐渐下降趋势。

2018—2020年国家监督抽查批次不合格发现率分布情况

抽查时间	抽查产品（种）	批次不合格发现率分布情况			
		0%	小于10%	10%和20%之间	大于20%
2018年	269	（36种）13.4%	（101种）37.5%	（84种）31.2%	（48种）17.8%
2019年	266	（22种）8.3%	（121种）45.5%	（83种）31.2%	（40种）15.0%
2020年	139	（13种）9.4%	（57种）41.0%	（52种）37.4%	（17种）12.2%

*资料来源：市场监督管理总局官网

当然，在肯定我国质量发展取得成绩的同时，也要看到，我国质量总体水平还存在一定的差距：部分产品档次还比较低，特别是中高端产品难以满足消费者的需求；我国许多产品凭借高性价比不断占领国际市场，但其中不少产品处于产业链的中低端，国际竞争力有待增强；服务业稳中有进，但提升还比较缓慢，在某些服务领域，老百姓还是有这样那样的意见。

比较明显且需要着力缩短的差距，主要表现在品牌力较弱、核心技术缺失、产业链供应链有待完善等方面。

（一）品牌方面

从世界经济发展趋势看，品牌竞争成为全球市场各领域竞争的集中体现。数据显示，90%以上的知名品牌集中在发达国家；全球一半以上的销售额由只占产品总量不到3%的知名品牌产品创造。显然，具有世界影响力的跨国企业都把品牌当作实现全球扩张的锐利武器。

近些年，我国不断加大品牌培育力度，涌现出一批具有强大市场竞争力的世界知名品牌。英国著名品牌管理和品牌评估独立顾问公司Brand Finance发布的"2021年全球最具价值品牌500强"榜单中，中国工商银行、微信、华为、平安、安踏等77个中国品牌入榜，入榜中国品牌的总价值占到榜单整体品牌价值的20%。对于中国品牌的表现，Brand Finance的报告曾指出，随着中国成为全球制造业的中心，中国品牌正继续以惊人的速度缩小与欧美日等发达国家和地区品牌的价值差距。这表明中国企业越来越重视品牌建设，品牌越来越全球化。

不过，虽然进入这份榜单的中国品牌总数达到77个，但仔细观察会发现，这些品牌中除阿里巴巴、腾讯、华为等为数不多的几家市场化品牌，其他大都是"国"字号品牌，而且多集中在银行、石化、保险、电信等领域，这些品牌的价值虽高，但国际市场竞争力却相对较低。

若换一份榜单，则可以更清楚地看出问题。美国《福布斯》（*Forbes*）杂志2020年7月发布的"2020全球品牌价值100强排行榜"中，华为以85亿美元排名第93位，是唯一入围的中国品牌。事实上，在近几年《福布斯》发布的榜单中，一直只有华为一家中国品牌，看不到其他中国品牌的身影。

是福《福布斯》杂志对中国品牌有偏见吗？当然不是。《福布斯》在其评选入榜品牌时设立了一个很重要的标准，即考察品牌的国际市场影响。而我国许多体量够大的品牌企业在国际化方面表现不佳。事实上，在美国等国外市场开展业务的中国品牌也有一些，像阿里巴巴这样的互联网企业还在美国上市，但这些企业在美国的业务量都不大，其成就仍然多局限于中国国内。

考察企业的国际化程度可以通过"跨国指数"（即国外资产/总资产＋国外销售额/总销售额＋国外雇员数/总雇员数，除以3再乘以100%）来看，一般而言，跨国指数超过30%的企业才算是具有国际经营能力，但中国的国际化公司平均跨国指数却远低于这个数。中国企业联合会和中国企业家协会发布的2020年中国100大跨国公司分析报告显示，这"100大"的平均跨国指数为16.10%。而世界100大跨国公司的跨国指数则超过60%。而且，中国企业多不是靠技术实力立足，而是以贸易和中间产品为主，缺乏真正的国际化经营能力。

通过一份榜单，我们可以看到中国品牌的成绩和进步，也比照出自身的差距和不足，更重要的是，由此明白了前进的方向。中国品牌目前已经在做"走出去"的工作，接下来还要在"走进去""走上去"方面再进一步，将企业文化和价值理念带到全球市场。

目前，中国品牌正面临着前所未有的历史机遇，既有国内市场提供的潜力巨大的消费动力，也有国际市场消费者对中国品牌的积极期待。上述有利条件固然是成功的催化剂，但并不能成为成功的绝对保证，打好质量基础，拥有核心技术，不断推出创新产品，让所进入市场的消费者认可、喜爱，才是成功的必要条件。

（二）核心技术方面

近年来，我国制造业的技术水平有了显著提高，出口增加值也在稳步增长，但是必须清醒认识到，我国长期以来的"世界工厂"角色并未发生根本性改变，很多出口产品科技含量不高，附加值较低，许多企业缺乏核心技术，品牌竞争力较弱。

我国制造业高质量发展过程中，汽车、电子信息、航空、装备制造等产业是重点领域。不过，这些领域的进口依赖比较严重。数据显示，近年来，集成电路及相关机器设备、汽车发动机、变速箱、航空发动机、各类机床等，进口量都很大，主要进口地为欧洲及日韩等国家和地区。这些进口产品科技含量都很高，为欧美日韩等发达国家和地区的企业所垄断，国际贸易市场若出现风吹草动，进口中断，我国相关企业将面临"无米下锅"的困境。

以电子信息产业为例。2019年,我国从韩国和日本进口集成电路产品合计超过500亿美元,占我国该类产品全球进口额的53.7%。我国还从芬兰一家企业进口光刻机,而该企业在全球市场拥有绝对垄断地位,八成的市场份额归其一家。

考察核心技术实力的一个重要指标,是专利拥有量。与发达国家相比,我国制造业核心技术方面的差距,主要体现在专利不足,特别是在药品、医学技术、生物技术、发动机、环境技术等与战略性新兴产业相关的核心技术方面专利量仍处于低位。而从专利的层次和规模看,我国战略性新兴产业的技术创新能力不强,专利含金量不高,我国研发投入总体规模仍不到美国的一半,研发投入强度低于世界制造强国3%左右的水平。

缺乏先进技术支撑,创新能力不足,使得我国制造业的劳动生产率和利润率都较低。中国工程院发布的《2020中国制造强国发展指数报告》显示,2019年,中国制造业劳动生产率为30948.4美元/人,仅为美国的20.5%、日本的33.2%、德国的33.1%和英国的38.1%。在利润率方面,近些年我国规

年份	制造业增加值(亿元)	占GDP比重(%)
2015年	199436.0	29.0
2016年	209508.9	28.1
2017年	233876.5	28.1
2018年	255937.2	27.8
2019年	269175.0	27.2

* 2015年至2019年我国制造业增加值及其占GDP比重。数据来源:国家统计局官网

模以上工业企业的利润率有所提升，但平均利润率只维持在2%~3%，而世界500强企业的平均利润率则接近7%。

我国制造业仍面临"大而不强"的局面，距离制造强国还有很长的一段路要走。

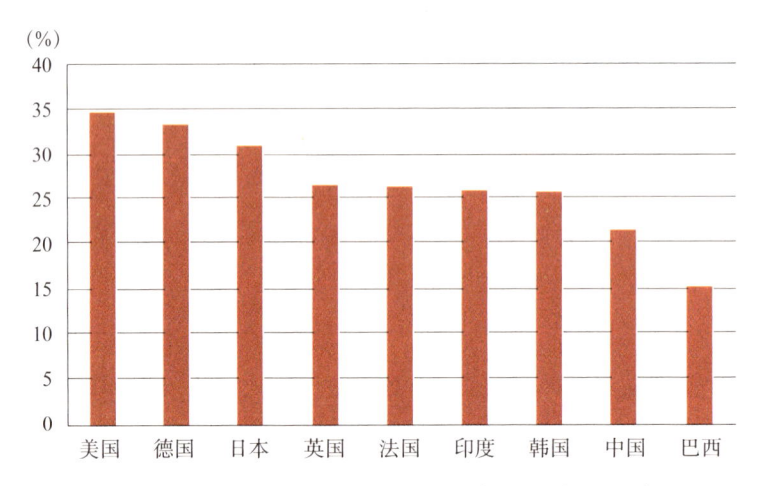

* 图为2019年主要国家制造业增加值率对比。数据来源：国家统计局官网

（三）产业链供应链方面

得益于"十三五"以来供给侧结构性改革的持续推进，我国产业链供应链不断完善，核心竞争力日益增强，在全球市场的地位越来越重要。目前，我国产业体系完备，成为全球唯一拥有联合国产业分类中全部工业门类的国家。

然而，必须看到，我国产业链供应链虽然完整，但部分环节还比较薄弱，容易出现"断点"。这些薄弱环节也反映出我国产业基础能力不足及存在结构性失衡的现实。

以汽车芯片为例。从2020年下半年开始，全球汽车业

第⑤章 → 我国质量强国建设的现状和方向

陷入缺芯困境,至今仍在延续。从汽车业的这次缺芯危机可以看出,以台积电为代表的几家芯片制造大厂的话语权正在极大提升,少数几家企业占据了全球80%的市场份额,具有明显的不可替代性。而芯片话语权掌控在少数企业手里,也暴露出全球芯片供应链存在严重短板。不仅作为全球最大汽车市场的中国受到影响,美日欧等发达国家和地区的汽车市场同样受到制约,这让这些国家和地区都意识到了自主替代、自力更生的重要性。

当前,我国作为世界第一制造大国的地位更加巩固,2020年制造业增加值占全球比重接近30%,建成世界最大的光纤和4G网络,5G实现创新引领,信息化与工业化融合的广度和深度不断拓展。不过,我国制造业发展的质量效益不是很高,尚缺少高端和高质量的供给,产业链供应链的创新支撑较弱,数字化水平有待提升。而且,国际经济政治格局复杂多变,西方一些国家通过各种手段对我国进行遏制打压,后疫情时期全球产业链供应链加速向区域化、多元化方向调整,这些变量都对我国产业链供应链造成重大影响。

我国经济快速发展的势头不会减弱,全球市场形势仍然变化多端,存在诸多不可控因素,这势必会增加我国产业链供应链的"断链"风险。基于此,政府层面和企业层面都要有预见性,拿出切实可行的措施,做好补链强链工作。

怎么补,怎么强?要坚定不移地推进供给侧结构性改革,打通从生产到流通再到消费的所有环节,实现产业链供应链从上游到下游的有效衔接和高效运转,推动实体经济、科技创新、现代金融、人力资源协同发展,加快发展现代产业体系;要特别关注实体经济特别是制造业的发展，通过质量变革、效率变革、动力变革，提高制造业供给体系质量，促进我国产业迈向价值链中高端；立足国内市场，加快构建以国内大循环为主体、国内国际双循环相互促进的新发展格局，加快提升产业链供应链现代化水平，提高我国产业核心竞争力，维护我国产业链供应链稳定和安全。

二、质量强国的基础条件：国家质量基础设施（NQI）

国家质量基础设施（NQI）是建设质量强国的重要组成部分，是我国高质量发展阶段的技术支撑。国家质量基础设施被称为制造业乃至全行业的"体温计""晴雨表"，对提升产品质量、促进产业升级以及维护国家安全，具有十分重要的作用。

2020年10月29日，党的十九届五中全会通过了《中共中央关于制定国民经济和社会发展第十四个五年规划和二〇三五年远景目标的建议》，其中正式写入要"完善国家质量基础设施，加强标准、计量、专利等体系和能力建设"。这体现了党中央对完善国家质量基础设施的重视。

（一）基本概念

2005年，联合国贸易和发展会议（UNCTAD）和世界贸易组织（WTO）发布《出口战略创新》，其中首次提出国家质量基础设施（National Quality Infrastructure，NQI）。2006年，联合国工业发展组织（UNIDO）和国际标准化组织（ISO）正式提出国家质量基础设施的概念，将计量、标准化、合格评定（主要包含认证认可、检验检测）并称为国家质量基础设施的三大支柱。

随着国家质量基础设施在相关领域发挥出越来越重要的作用，学术界及相关国际组织也不断拓展国家质量基础设施的内涵和外延。2018年11月，国际质量基础设施网络（INetQI）在瑞士日内瓦举行成立会议，会议提出了国家质量基础设施的最新定义——由支持与提升产品、服务和过程的质量，安全和环保性所需的公共和民间、私人组织与政策，相关法律法规和实践构成的体系，主要依赖于标准、计量、认可、合格评定等要素。简单来说，国家质量基础设施以标准、计量、认证认可、检验检测等技术要素为核心，通过相互协调，共同支持质量的保证、提升、承诺、传递与信任。

国家质量基础设施各要素已经融入人类社会经济活动的各个领域。其中，计量是基准，是控制质量的基础；标准是依据，用以引领质量提升；合格评定是手段，控制质量并建立质量信任。三者构成一条完整的链条，成为建立和维护生产、贸易、社会、国家乃至国际政治经济秩序的重要工具。

1.计量

计量是利用技术和法制手段实现单位统一和量值准确可靠的测量。

计量与人们的日常生活密切相关。比如买东西用秤、尺子等计量器具称量，家里的水、电、煤气等也要用各种表计量。到医院治病，测体温，量血压，做心电图、脑电图，以及各种化验等，皆是常见的计量工作。可以说生活须臾都离不开计量。

计量的重要性更体现在工业领域。有人形象地称计量是工

* 计量是贸易的基础。精准测量，直接促进市场公平交易和社会诚信建设，降低社会管理成本。图为对电子仪器进行精准测量（王嘉摄）

业的"眼睛"。在产品生产全过程的每个环节，质量控制水平的提升，都依赖于稳定的计量检测与管理。现在已经进入信息化、数字化时代，而"信息"和"数据"本身都具有"量"的特征，需要计量深度参与。有人说，在先进制造业和现代服务业"两业融合"的新时期，计量不仅是工业的"眼睛"，更是制造业的"大脑"。企业的计量素质决定了其质量控制能力与产品技术水平，决定了数字化和智能化的前景；而国家的计量能力决定了技术开发能力与科技创新发展。可以说，没有计量就没有科技创新，没有计量就没有现代制造，没有计量就没有制造业的数字化和智能化。

2. 标准

标准是对重复性事物和概念所做的统一规定，它以科学技术和实践经验的结合成果为基础，经有关方面协商一致，由主管机构批准，以特定形式发布作为共同遵守的准则和依据。

标准是科学、技术和实践经验的总结，标准化是科技成果转化为生产力的重要"桥梁"，先进的科技成果可以通过标准化手段转化为生产，推动社会进步。标准引领质量。标准的水平标志着产品质量水平，没有高标准，就没有高质量。就企业而言，严格按标准生产并不断提高标准，不仅有利于稳定和提高产品和服务质量，还能提高生产效率和附加值，增强企业素质，提高企业竞争力。就行业而言，先进的标准能够带动整个产业链的质量提升。

同时，由于生产的社会化程度越来越高，各个国家和地区的经济发展已经同全球经济紧密结成一体，标准和标准化不但为世界一体化的市场开辟了道路，也同样为进入这样的市场设置了门槛。标准是世界通用的技术语言，从这个意义上说，谁掌握了标准，谁就掌握了国际市场竞争的话语权。

3.合格评定（认证认可、检验检测）

合格评定是指与产品（包括服务）、过程、体系、人员或机构有关的规定要求得到满足的证实。合格评定的专业领域主要包括检测、检查和认证，以及对合格评定机构的认可活动。合格评定对象包括接受合格评定的特定材料、产品（服务）、安装、过程、体系、人员或机构。

合格评定的主要目的是为用户提供信任，即确定或证实评定对象已经符合相关要求。从消费者角度说，合格评定为其提供了选择产品或服务的依据；从企业角度说，合格评定为其产品或服务提供了符合法律法规、标准规范的说明，相

131

当于一种"背书",使其在市场拥有合法性基础;从职能部门角度说,合格评定为其提供了执行法律法规和实现公共政策目标的手段。

合格评定对于市场主体而言尤为重要。合格评定是关于企业及其产品、服务的符合性评价,这种评价带有公示证明性质。企业通过合格评定获得认证,需要经过内审、管理评审、工厂检查、计量校准、产品型式试验等多重评价环节,获证后还需定期进行证后监督,这相当于全套"体检",可以帮助企业识别质量控制关键环节和风险因子,持续改进质量管理,不断提高产品和服务质量。因此可以说,合格评定是企业质量管理的"合格证"。

市场经济的本质是信用经济,企业获得合格评定认证,是证明其组织具备参与特定市场经济活动的资质能力、其提供商品或服务符合要求。合格评定为市场主体提供了信用证明,解决了信息不对称的难题,为市场经济活动发挥着传递信任的重要作用。因此可以说,合格评定是市场经济的"信用证"。

合格评定由于具有国际化特征,各国都倡导"一次认证,国际互认",因而能够帮助企业和产品顺利进入国际市场,在全球贸易体系中发挥着协调国际间市场准入、促进贸易便利等重要功能。因此可以说,合格评定是国际贸易的"通行证"。

合格评定服务于制造业价值链的多个环节。我国制造业实现转型升级、提质增效,迫切需要借助认证认可、检验检测等技术手段,发挥其在研究开发、质量保证、营销背书等方面的作用和优势,助推研发能力、营销能力、品牌运作能力的提升,实现从产业链价值链低端向中高端跃升。

（二）国家质量基础设施的特点

国家质量基础设施作为一个复杂体系，具有基础性、系统性、公益性、法规性、执行性、国际性等特点。

1. 系统性。计量、标准、合格评定（认证认可、检验检测）等国家质量基础设施可以单独存在，并发挥功能。但从其最终目标来看，它们并非各自孤立，也不是各要素的简单相加，它们彼此紧密联系，互相支撑，构成了一个有机质量评价整体。从技术上看，标准为计量、合格评定提供了依据；计量是制定、实施标准的基础和保证；合格评定通过计量手段判断是否符合标准。计量解决准确性问题，标准化解决统一一致的方法问题，合格评定则保证了提供检测服务的运作管理体系符合标准要求。总之，质量基础设施是一个运转体系，各要素之间相互依存，不可割裂。我们可以简单地理解为，质量就好比是一辆"车"，计量、标准、认证认可、检验检测是它的4个"车轮"。只有4个"车轮"一起运转、紧密配合，"车辆"才能跑起来、正常行驶。

2. 基础性。国家质量基础设施不仅是质量的基础，也是科技创新和经济发展的基础。其基础性主要体现在三个方面：一是为经济社会发展提供技术支持。我国经济已经转向高质量发展阶段，而如何有效推进整体质量提升，以及衡量是否实现"高质量"发展和实现的程度，都需要发挥国家质量基础设施的基础性作用。二是科技创新离不开国家质量基础设施。不管是创新过程的实验设计，还是创新成果的应用检验，都需要标准、计量、检测等手段参与。特别是一些高精尖产品，必须进行精密的数据检测、器具计量、检验确认。三是国家质量基础设施为创新技术应用提供载体。创新技术成果通过标准的形式进行固化，为行业推广和大规模应用创造条件。通过计量、标准、合格评定，一项生产技术才能定型，生产出的零部件才能实现互换。现在，一辆汽车需要成千上万个零部件，一架飞机要600万个零部件组成，必须靠高精度的质量基础设施，才能让汽车跑起来，才能把飞机开上天。实践表明，没有国家质量基础设施，创新成果就难以有效推行，甚至是寸步难行。

3.公益性。国家质量基础设施与能源电力、交通水利、道路桥梁、通讯设施等一样，都具有公益属性（不排除有经济属性）。不管是计量、标准，还是认证认可、检验检测，其具体工作可以被某组织或机构使用，但更具备公益属性，没有盈利目的。也正因为具有公益属性，国家质量基础设施需要政府发挥作用。从全球范围看，各国高度重视质量基础设施，不惜投入大量财政资金，用于支撑国家在质量基础设施的先进性、适用性，从而事实上把质量基础设施变成公益性生产、资产。许多国家对涉及公共安全的检验检测设施、食品实验室、质检中心等等，都是由政府公共财政建设、支撑、运维。

4.法规性。国家质量基础设施是一个国家日常运转的基石，需要法律法规加以保障。自古以来，统一国家后第一件事就是用法律统一度量衡，并公布实施。有关计量、标准、合格评定的相关政策的制定、批准、实施，都需要通过立法建立法制保障，然后由相关主体执行。除专门针对质量基础设施进行立法外，根据联合国工业发展组织总结，国家质量基础设施立法的框架体系主要包括计量法、标准化法、认证认可条例、技术法规框架法等。我国关于质量基础设施的法律法规，都已经发布实施、体系完整。

5.执行性。国家质量基础设施的基础性、支撑性价值，形成并体现于被社会特别是广大市场主体重视和应用。这就要求与国家质量基础设施建设相关的政府部门积极推进相关政策法规实施，并细化具体措施落实。2020年11月13日，市场监管总局印发《关于大力开展质量基础设施"一站式"服务的意见》，大大促进了基层的质量基础设施建设。"一站式"服务的目的，就是充分发挥政府统筹规划与监督服务作用，通过科学布局质量基础设施建设、服务与共享，以计量、标准、认证认可、检验检测、质量管理等为核心，支撑全过程、全生命周期的质量服务，以大力提升基层一线的质量技术供给，促进质量技术服务行业升级，规范服务平台的管理，满足各地产业发展的具体要求，形成高效的质量基础设施服务体系和网络。

6.国际性。一方面，计量基准、食品标准、安全标准等涉及人类健康、安全、卫生、环保、反欺诈等领域，许多数据、标准都具有公益性质，必须全球公开、公用、共享。另一方面，国家质量基础设施在国际贸易中也扮演着举足轻重的角色。在各国经济、产业日益紧密结合的今天，计量、标准、合格评定等已经成为国际通用的技术语言，成为全产业链的重要技术"润滑剂"，成为国际贸易"游戏规则"。人们注意到，发达国家依托在产品核心技术和质量基础设施方面的优势，常常利用标准、技术法规、合格评定程序等技术性贸易措施构筑所谓"合理"、"合规"的非关税贸易壁垒，保护本国某些特定的弱小产业、或者成长中的企业和产品。发展中国家的企业作为国际质量标准体系的被动接受者，受制于发达国家的非关税贸易壁垒。

常常发生这样的情况，发展中国家刚刚适应某项技术性措施，发达国家以安全、环保等名义又修改了"游戏规则"，让发展中国家的产业不停地学习、适应，往往是"跟得上"而"赶不上"。加快建设国家质量基础设施，有利于降低我国企业进入海外市场的认证认可、检验检测等合规成本，更好与产品、服务的全球标准相衔接，突破发达国家构筑的"质量围墙"，推动我国企业的产品、服务、技术和标准"走出去"。

（三）我国国家质量基础设施发展现状及存在问题

1.我国国家质量基础设施的发展现状

近年来，我国政府高度重视国家质量基础设施建设发展，在《中共中央 国务院关于深化体制机制改革加快实施创新驱动发展战略的若干意见》《国家创新驱动发展战略纲要》《"十三五"国家科技创新规划》《中共中央 国务院关于开展质量提升行动的指导意见》等一系列文件中，都明确提出要进一步加快国家质量基础设施发展。各地方政府也制定了关于国家质量基础设施建设发展规划，从各个方面予以支持。目前，国家质量基础设施政策环境进一步优化，国家、地方协同推进国家质量基础设施创新发展的局面初步形成。

我国国家质量基础设施的技术水平大幅提升，服务经济社会发展的作用日益凸显。计量的基础作用进一步强化，我国成为国际上少数具有独立完整时间频率计量体系的国家；标准的规则作用进一步突出，主导制定国际标准数量不断增加，参与国际标准化活动能力大幅提升；认证认可水平和检验检测能力进一步增强，在国际认证认可标准、规则制定和互认体系建设中的作用越发突出，检验检测对经济社会的辐射带动作用更加明显。总体而言，我国国家质量基础设施科技创新水平与国际先进水平差距日益缩小，完成从"跟跑"到"并进"再到个别"领先"的飞跃发展，国家质量基础设施逐步进入世界第一梯队，国际影响力不断提升。

2.我国国家质量基础设施发展面临的问题

我国国家质量基础设施发展进步明显，但也存在一些问题和不足。

国家质量基础设施的技术支撑作用尚未完全发挥出来。从计量方面看，我国在芯片计量、量值传递扁平化等计量基础性、前沿性研究上还存在一定的差距；从标准方面看，在战略性新兴产业的重大国际标准制定上缺少话语权；从检验检测方面看，我国先进测量技术能力较弱，缺乏核心的检测和分析技术，极端量和极端环境下的自主检测技术和装置需要突破。

国家质量基础设施体系化发展、一体化服务能力不强，各要素之间缺乏协调配合，影响整体效能发挥。作为国家质量基础设施，计量、标准、合格评定并不是简单的罗列并称，它们之间是一种融合存在关系。由于受行政管理体制"条块化"影响，我国国家质量基础设施各要素在区域合作、协同创新、资源集成、机构人员协作、一体化服务等方面形成各自为政的局面，缺乏协同合作和整体布局，相关管理机构和技术机构沟通交流不畅，联手解决关键技术问题的需求和能力均不足，无法实现资源共享、人才共享。

另外，我国国家质量基础设施体制机制上还存在一些弊端，政策法规建设也有待进一步完善。在产业政策、税收政策、科技政策、人才培养政策等方面，我国尚未将国家质量基础设施纳入一体考虑的顶层设计，这就使得国家质量基础设施建设与现行政策措施存在对接困难的现象。这种情况导致目前国家质量基础设施机构建设和人才培训不到位，不仅专业技术机构和人才数量少，而且分配不均衡。与此同时，由于战略高度不够，国家质量基础设施相关政策往往局限于部门或地方，且多为短期性政策，这使得国家质量基础设施建设与发展在纵向上缺少连续性和前瞻性，在横向上缺少整体性和统一性。

（四）我国国家质量基础设施建设发展的方向

明白了国家质量基础设施对我国经济社会发展的重要性，搞清了当前建设方面存在的问题和不足，也就找到了未来改革前进的方向。

1.做好战略谋划，完善顶层设计。深入研判我国高质量发展的现实需求及国际国家质量基础设施技术发展的新态势新特征，从战略高度规划和布局国家质量基础设施建设发展的目标任务。注重融合发展，把握系统性、集成性的一体化解决方案研发，力避政策、规划、方案等出现碎片化倾向，促进各要素协调发展，发挥整体效能。

2.明确属性定位，摆正利益关系。行政主管机构职能调整之后，国家质量基础设施作为社会资源的性质也发生了重大变化。在今后配置国家质量基础设施资源时，应强调市场需求导向，强化服务作用，建设公益性和竞争性相互配套、相互协调、相互支撑的国家质量基础设施技术服务体系，形成政府、社会、市场三元共治的质量生态。完善龙头企业示范应用，面向技术密集型重点行业、区域、产业集群建立质量技术创新和管理服务平台，促进企业质量管理能力提升。

3.打牢技术基础，发挥支撑作用。当前，经济社会发展已经进入互联网时代，"四新"（新技术、新产业、新业态、新模式）经济的出现正改变着传统的生产方式和管理模式。企业生产经营和政府完善管理都需要适应市场变化，寻求新的技术支撑。这就要求持续研发应用先进的国家质量基础设施技术，加强关键和前沿技术攻关，为企业和产业发展提供国家质量基础设施全链条的协同服务。同时，针对政府职能部门加强市场监管需要，提高国家质量基础设施技术适用监管的科学性、精准性和有效性。

4.推动对外交流，加强国际合作。在全球经济发展过程中，国家质量基础设施对于各个国家而言具有桥梁纽带作用。要开展与主要贸易国家的国家质量基础设施技术比对研究，推动共建共享、互认互通。建立我国国家质量基础设施国际科技合作交流平台，深化与发达国家相关技术机构的沟通协作。支持海外专家牵头或参与国家质量基础设施国家科技项目，吸引国际高端人才来华开展联合研究，吸纳国际国家质量基础设施先进技术和经验。鼓励社会组织、技术机构和企业积极"走出去"，参与国际交流，贡献中国力量，提升我国的国际影响力。

三、质量强国的建设方向

我国当前经济社会发展面临的主要问题之一，是发展的质量和效益不够高。加快推动质量强国建设，就是针对这一现实问题，通过一系列政策举措促进企业行业进行质量提升，以更好的供给满足市场需求，在保证不增加资源投入的情况下实现更高产出和更高价值。而质量和效益的提高，其具体表现就是实现"三个转变"：中国制造向中国创造转变、中国速度向中国质量转变、中国产品向中国品牌转变。

质量强国建设的目标，决定了质量强国建设的方向和着力点。

（一）满足人民群众需求和增强国家综合实力，这是建设质量强国的出发点和最终归宿

党的十九大报告指出，中国特色社会主义进入新时代，我国社会主要矛盾已经转化为人民日益增长的美好生活需要和不平衡不充分的发展之间的矛盾。这一矛盾表现在质量领域，就是人民群众对更高质量产品和服务的需求和不平衡不充分的质量发展现实之间的矛盾。推进质量强国建设，其战略导向必须是满足人民群众对高质量产品和服务的需求，并把满足这一需求和增强综合国力作为根本目的。正如《中共中央 国务院关于开展质量提升行动的指导意见》提出的，把增进民生福祉、满足人民群众质量需求作为提高供给质量的出发点和落脚点，促进质量发展成果全民共享，增强人民群众的质量获得感。

（二）保障质量安全，这是建设质量强国的基础

安全是底线，确保质量安全也是一切质量工作的底线。在推进质量强国建设过程中，必须有效保障质量安全，这既是质量强国本该有的基本内涵，也是质量强国建设必须遵循的基本规律。开展任何质量工作，安全意识和底线意识都不能放松，同时也要清楚，质量安全底线并非一成不变，它会随人民群众生活水平和安全意识的提高而不断抬升。质量安全底线的动态性决定了从事质量相关工作的企业及监管部门，要根据已经变化的市场情况适时调整质量安全工作思路，持续提高质量安全标准和保障质量安全的能力水平。确保质量安全是一项基础性工作，也是一项全民性工作，应探索创新社会多元治理的模式，让包括生产者、监管者、消费者等在内的所有社会成员都参与进来，形成质量全民共治的格局。只有这样，整个市场、整个社会的质量安全根基才能打牢，质量强国建设才能在牢靠的基础上稳步推进。

（三）创造公平竞争的市场环境，这是建设质量强国的重要保证

质量是生产出来的，高质量是竞争出来的。创造公平竞争的市场环境，是保障质量的重要前提。习近平总书记强调："要根据新发展阶段的特点，围绕推动高质量发展，构建新发展格局，加快转变政府职能，加快打造市场化、法治化、国际化营商环境，打破行业垄断和地方保护，打通经济循环堵点，推动形成全国统一、公平竞争、规范有序的市场体系。"构建新发展格局，推进质量强国建设，关键在于建设高标准的市场体系，营造良好的公平竞争市场环境。目前，我国质量领域还存在影响公平竞争的一些问题，市场主体追求高质量的激励与约束机制尚不健全，社会成员共同参与质量提升和质量治理的渠道仍不通畅。因此，必须从国家战略高度和进入新发展阶段要求出

发，建立健全公平竞争的体制机制，创造各类市场主体积极参与竞争、提升质量的市场环境，推动质量强国建设。

质量强国建设要想达到预定目标，必须对当前质量发展状况有一个清晰的认识，牢牢把握问题导向、目标导向、结果导向，加快建立健全有利于质量提升的市场机制，让各类市场主体在观念上、行动上重视参与质量提升，为质量强国建设注入强大动力。

1.优化营商环境，完善优胜劣汰的质量竞争机制。一流的营商环境，必须以市场化为基础。市场化就是要破除那些不合理的体制机制，让市场在资源配置中发挥决定性作用。这就要求政府职能部门在质量管理上要转变观念，从"以政府为中心"转变为"以市场主体为中心"，进一步深化"放管服"改革，该放的积极放、该管的坚决管住管好，深入研究市场规律，优化准入、准营、准出和事前、事中、事后各环节监管工具，推动市场监管效能提升，更好地激发市场活力和社会创造力。政府职能部门通过加强和优化公共服务，保障公平竞争，维护市场秩序，保护知识产权，让所有市场主体都能平等地进行质量竞争，从而实现优质优价。

2.提高技术水平，构建优质高效的质量服务体系。前文讲到国家质量基础设施（NQI）对于质量强国建设的重要作用。从市场角度理解，国家质量基础设施及与之相关的活动，均属于质量服务，显然，以国家质量基础设施为基础的质量服务体系建设至关重要，它决定着质量强国建设的成败。因此，要大力推进国家质量基础设施相关技术机构改革，加强资源整合，构建起与市场发展相适应的标准化推广应用体系、认证认可服务与监管体系以及计量与检验检测技术保障服务体系，更好满足高质量发展对现代管理技术手段的新要求。同时，充分发挥质量技术机构服务市场的作用，引导市场主体提高产品、工程、服务等的质量水平，加强品牌建设，扩大市场影响力。

3.激励惩戒并用，健全覆盖全面的质量信用机制。"诚者，天之道也；思诚者，人之道也。"人无信不立，企业和企业家更是如此。从一定意义上讲，市场经济也是信用经济。质量信用是社会信用体系的重要组成部分。建立覆盖全面的质量信用机制，是推进质量强国建设的重要基础。目前来看，一些企业在经营活动中还存在不少不讲诚信甚至违法违规的现象。这其中一个重要原因是质量信用机制失灵。因此，要落实企业主体责任，建立企业质量诚信自律机制；加强跨部门信息归集，建立信用信息资源共享机制；实施跨部门执法联查，推进质量信用体系共建机制；打造行业信用标杆，完善质量诚信评价机制；加大失信行为惩戒力度，建立失信联合惩处机制。只有构建起具有强大执行力的质量信用体系和运行机制，整个市场才能形成质量诚信之风，质量强国建设才能拥有源源不断的内生动力。

第 6 章

建设质量强国的主要任务和建设途径

必须坚持质量第一、效益优先,以供给侧结构性改革为主线,推动经济发展质量变革、效率变革、动力变革,提高全要素生产率,着力加快建设实体经济、科技创新、现代金融、人力资源协同发展的产业体系,着力构建市场机制有效、微观主体有活力、宏观调控有度的经济体制,不断增强我国经济创新力和竞争力。

——习近平总书记在中国共产党第十九次全国代表大会上的报告(2017年10月18日)

第 6 章 → 建设质量强国的主要任务和建设途径

一、质量强国概念的由来和发展

建设质量强国是时代的呼唤、社会的共识，我们研究质量强国，建设质量强国，有必要把质量强国的概念和提法，认真地进行梳理，帮助我们深刻理解其内涵和价值。

李克强同志2014年9月15日在首届中国质量（北京）大会上讲话时提出，"对内将大力实施质量强国战略"；2016年3月对第二届中国质量奖颁奖大会作出重要批示，重申"大力实施质量强国战略"。2017年9月5日，中共中央、国务院出台《关于开展质量提升行动的指导意见》，提出"实施质量强国战略"。根据"三定"规定，国家市场监督管理总局负责"组织实施质量强国战略"。

习近平总书记在党的十九大报告中明确提出"建设质量强国"。《中共中央关于制定国民经济和社会发展第十四个五年规划和二〇三五年远景目标的建议》等权威文献中，一般表述为"建设质量强国"。我们要认识到，建设质量强国大势所趋，但也非跻身一隅就能彻底改变，要有很长的路去走，要有强力的战略部署和战略支撑。

建设质量强国，最终要落到具体的产品、工程、服务上来。要围绕党的十九大报告提出的到2035年基本实现社会主义现代化的目标，把制定质量强国建设的战略规划作为重要抓手，明确2035年之前我国质量强国建设的总体目标，提出并落实产品、工程、服务质量未来5年、10年的定性和定量的阶段目标，一个行业一个行业抓，一步一个脚印，为全面建成社会主义现代化强国筑牢基础。

二、建设质量强国的路径

相比国外许多国家尤其是西方发达国家，如同许多制度一样，我国质量发展制度也是一种"反向制度变迁"。为了避免重蹈西方发达国家覆辙，有力有效建设质量强国，需要从国家层面建立发展和治理并举的质量工作体制。

改进我国质量工作，面临着增加监管密度让消费者满意和减少监管密度让企业满意的"两难"问题，需要在两者之间权衡取舍，充分发挥市场在资源配置中起决定性作用，更好发挥政府作用，真正做到有所为、有所不为。同时，充分调动各方力量，齐抓共管质量工作。

（一）政府层面：建立现代质量治理体系

政府层面要把该放的权力放好、把该管的事务管好，全面抓好质量监管、质量促进和质量基础，不断完善组织架构、职责分工、政策法规和工作机制等质量工作体系，不断健全"统一管理、权责清晰、分工合作、高效运转"的体制机制，加快建立以高质量发展为导向的现代质量治理体系。

1.加强质量工作统筹协调

——加强质量工作统一领导。质量工作涉及方方面面，2012年8月19日，国务院同意建立由原质检总局牵头、17个部门参加的全国质量工作部际联席会议制度；2019年9月27日，国务院同意调整完善全国质量工作部际联席会议制度，由中央组织部、中央宣传部、发展改革委、教育部、科技部、工业和信息化部、公安部、自然资源部、生态环境部、住房和城乡建设部、交通运输部、水利部、农业农村部、商务部、文化和旅游部、卫生健康委、人民银行、国资委、海关总署、税务总局、市场监管总局、统计局、供销合作总社等23个部门和单位组成，市场监管总局为牵头单位。这些年来，全国质量工作部际联席会议组织各成员单位和部门，统筹推进质量工作，取得了明显成效。

质量工作事关大局、事关长远，当前形势下单靠部际联席会议或协同机制已经远远不够。为更好贯彻落实党中央、国务院关于质量工作的决策部署，需将质量工作上升到提高经济发展质量和供给质量的高度，在中央层面进一步加强对质量工作的领导，切实加强和改进质量宏观管理。

2022年8月，国家质量强国建设协调推进领导小组成立，这是我国质量强国建设史的一个重大事件。国务院办公厅2022年8月发文宣布，国务院决定成立国家质量强国建设协调推进领导小组，主要职责是：深入学习贯彻习近平总书记关于质量强国建设的重要指示精神，全面贯彻落实党中央、国务院有关决策部署；推动完善质量工作有关法律法规，研究审议重大质量政策措施；统筹协调质量强国建设工作，研究解决质量强国建设重大问题，部署推进质量提升行动、质量基础设施建设、质量安全监管、全国"质量月"活动等重点工作；督促检查质量工作有关法律法规和重大政策措施落实情况；完成党中央、国务院交办的其他事项。这一决定，对于推动我国质量强国建设具有决定性的意义，明确指出此领导小组"作为国务院议事协调机构"，意味着国务院抓质量强国建设有了正式的组织机构，这对深入推进质量强国建设、加强对质量工作的组织领导和统筹协调、凝聚工作合力，将起着强有力的组织领导作用。原有的"全国质量工作部际联席会议"同时撤销。

领导小组办公室设在市场监管总局，承担领导小组日常工作，及时向领导小组汇报工作情况、提出工作建议，督促、检查领导小组会议决定事项落实情况；承办领导小组交办的其他事项。领导小组实行工作会议制度，工作会议由组长或其委托的副组长召集，根据工作需要定期或不定期召开，参加人员为领导小组成员，必要时可邀请其他有关单位人员及专家参加。

文件还要求，县级以上地方各级人民政府要建立本地区质量强国建设协调推进工作机制，统筹推进本地区质量工作。这样，从国务院到省、市、县，都将建立相应工作机制，更意味着中国把质量强国建设作为各级政府的重要工作来抓。

这一重大战略举措，在我国质量强国建设史上具有里程碑的意义，必将极大地促进质量强国建设的进程。

——探索建立中央质量督察工作机制。为了抓质量工作落实，根据《国务院办公厅关于印发质量工作考核办法的通知》（国办发〔2013〕47号）要求，近年来市场监管部门会同教育、工业和信息化、公安、住房和城乡建设、交通运输、水利、农业农村、文化和旅游、卫生健康、海关等全国质量工作部际联席会议成员单位，每年组织开展对31个省级人民政府的质量工作考核，形成各地考核结果（A级、B级、C级、D级）。除了通报各有关单位以外，还印送中央纪委国家监委、中央组织部，作为对省（区、市）人民政府领导班子和领导干部进行综合考核评价和实行问责的重要依据。对考核结果为A级的，有关部门在项目安排上优先予以考虑。

质量督察是抓质量工作落实的又一个"利器"。2017年9月5日，中共中央、国务院出台《关于开展质量提升行动的指导意见》，明确提出"探索建立中央质量督察工作机制"。质量工作考核和质量督察是两项不同的制度，前者重在客观评价，引导地方推动工作，就事"论事"；后者重在落实责任，解决存在的问题，"督事察人"。建立中央质量督察制度，本质上是中央授权，落实中央关于质量工作的决策部署，需要以法规的形式予以明确和保障。目前，我国已在部分重要领域探索开展督察工作。有的对地方党委、政府进行督察，比如，生态环境保护督察，法治政府建设与责任落实督察，防范和惩治统计造假、弄虚作假督察，脱贫攻坚督察巡察，土地督察；有的对本系统进行督察，比如，文物保护工程安全检查督察、海洋督察、税收执法督察、公安机关督察；等等。这些都成为推动地方和有关部门真抓实干的有力抓手。时至今日，建立中央质量督察工作机制也亟须提上日程，进一步推动质量工作落实。这方面，江苏省连云港市已经开始探索实践，市委、市政府2021年6月17日联合印发了《连云港市质量督察工作办法（试行）》，组织在全市范围内开展质量督察。

2.推进质量政策法规建设

——加快制定、修订产品质量法律法规。系统完备的质量法制体系，包括质量促进法律制度、质量监管法律制度和质量民事法律制度。要坚持科学立法、民主立法、开门立法，完善质量管理相关法律法规体系，建立目标清晰、任务明确、内容协调、措施配套的产品质量发展政策与规章体系。当前，要加快修订《产品质量法》《缺陷汽车产品召回管理条例》等法规法规，加强《机动车安全法》等立法研究，通过法律手段规范市场秩序，建立良好的质量发展环境，为企业发挥主体作用提供明确、稳定的政策预期与制度约束。借鉴英美法等国家的惩罚性赔偿制度，在立法中明确权益损失赔付不仅包括直接损失，还包括间接损失、精神损失和惩罚性赔付。既发挥法律法规、行政规章等"硬法"稳定性的优势，又兼顾标准、质量规划、质量文化等"软法"灵活性的优点，加强对质量安全的硬性约束和市场主体、社会组织基于推荐性标准和团体标准的引导。

——推进国家产品质量立法和配套制度建设与国际接轨。加强产品质量立法国际交流，借鉴国外产品质量管理先进经验，完善我国质量管理法律体系。积极参加与我国密切相关的国际规则、标准、指南和建议的制修订工作，参与世界贸易组织、亚太经合组织、国际标准化组织、国际电工委员会、国际法制计量组织、国际计量委员会、国际认可论坛、国际实验室认可组织等国际或区域组织相关活动，加强对相关国际规则和标准制定的影响和引导。规范和引导外向型产业和企业强化质量管理，鼓励支持外经贸企业坚持开发品种、技术创新、质量改进、品牌战略、集群发展等活动，夯实产业链质量发展基础，为我国提升外向型产业链整体质量、提高产业在全球产业链中国际分工的地位提供保障。加强在食品安全、消费品安全、特种设备安全、标准化、认证认可、缺陷产品召回、地理标志产品保护等领域国际合作与交流，开展信息共享和风险共管，开展认证认可结果、实验室资质及检测人员资格国际互认，建立互信、互认、互利的合作关系。加强对国外技术性贸易措施的跟踪、分析、研判、评议和交涉，妥善应对国外技术性贸易措施和贸易摩擦，为我国出口产品提质增效营造更加公平的竞争环境。

3.更大激发质量发展活力

——不断将简政放权向纵深推进。除涉及公共安全、经济安全、生态安全、生产安全、意识形态安全外，国务院部门行政审批事项原则上都要依法依程序取消。我国实施工业产品生产许可证制度30多年来，为促进经济社会发展作出历史贡献。2017年以来，发证产品由60类压减至10类。但已取消的50类产品中，仍有一些需要取得许可或类似许可的准入。市场监管部门继续实施工业产品生产许可证管理的10类产品中，有7类存在其他部门实施许可或类似准入许可的情况。此外，还有18类工业产品，需要取得8个部门实施的12项行政许可。

——强化竞争政策在质量发展中的基础性地位。推动质量发展，需要严格质量安全监管、严守质量安全底线，更需要激发市场主体的内生动力去充分竞争，拉动质量提升的高线。要健全质量竞争政策体系、法律制度，明确质量竞争优先目标，倡导质量竞争文化，持续强化反垄断和反不正当竞争执法，有效维护公平竞争市场秩序，加快建设统一国内大市场。扩大适应消费升级需要的优质产品进口，鼓励企业积极参与国际市场竞争，通过国际国内竞争促进优质优价，真正让良币驱逐劣币，营造优胜劣汰的市场环境。质量竞争活力充分释放出来，质量总体水平就能得到提升，质量安全也就有了坚实保障。

4.改进质量安全监管

质量是"产"出来的，也是"管"出来的。2008年的"三鹿奶粉事件"深刻表明，质量安全事件一旦发生，不仅给广大消费者带来巨大的生命财产损失，而且给行业发展带来沉重而持续的打击。推进简政放权，并不意味着弱化政府职责，而是要推动政府走向"善管"。政府部门一方面要转变职能，放开企业"手脚"；另一方面还要加强监管，该管的要管好。不出现区域性系统性质量安全事故，是改革发展不能逾越的底线和红线，也是向着全面建成社会主义现代化强国的第二个百年奋斗目标迈进的基本保障。

——加强质量安全风险管理。政府监管的重点，要突出防范企业和市场发生系统性质量安全风险，即可能会给政府和社会带来巨大危害与灾难的风险。由于单个企业甚至行业考察安全问题的视角限制，只能更多地由政府部门联合企业、社会组织运用科学的安全风险监管理论进行分析、评估和防范。美国的国家电子伤害监测系统、日本的国民生活中心等监测系统，充分运用"大数据"对质量安全的"声誉驱动"，设立质量安全风险监测大数据平台，专门负责质量安全相关数据和信息的收集、整合、分析与共享，及时动态分析、跟踪、监测和评估，值得借鉴。我们要有效整合来自市场监管、公安、农业农村、商务、卫生健康、海关等不同监管部门的监测信息，对潜在的系统性质量风险及时发出预警，对可能存在的质量安全隐患及时发出预警，并对可能存在隐患的产品实施抽检、召回甚至销毁等措施，并向公众实时发布，努力将质量安全事故杜绝在萌芽状态。

——加强质量安全分类监管。根据信用监管和风险监管产生的企业质量信息，制定质量信用分级分类管理制度。依据产品风险等级与企业诚信度、质量保证能力，实施差别化监管。明确风险分类，根据监管对象对社会及人民生命财产安全构成影响的风险程度，结合行业特性、规模和信用状况等参考因素划分风险等级。明确监管要求，在风险分类的基础上，对监管对象实施差别化监管。明确检查结果应用，形成完善的监管对象电子信息档案，行政处罚信息及时发布到信息公示平台，便于全社会查询企业信用状况。

——加强质量安全信用监管。信用监管是发达国家质量安全监管的重要特征之一。结合我国实际，可以由市场监管部门牵头，联合发展改革、商务、农业农村、卫生健康、海关、银行等部门，以统一社会信用代码和物品编码为基础，建立健全产品质量信用信息系统和企业质量信用信息系统，整合各部门的质量信用信息，建立统一的质量信用评级。建立国家质量信用平台，推动各政府部门在统一平台上实现代码共用、信息共享、合作共赢。政府部门根据个人和企业主体的质量信用信息，建立违法个人和违法企业"黑名单"制度。政府部门间建立质量守信联合激励机制和失信联合惩戒机制，对质量失信违法企业，在新增项目的核准、用地审批、证券融资以及政府奖励、政府采购项目的招标等方面进行限制，形成"一处违法、处处受制"的氛围。

——推进监督抽查改革。回归监督抽查查找质量问题的本质，以"不合格产品发现率"取代产品质量"合格率"表述产品质量监督抽查结果。进一步严格监督抽查的计划安排、结果公示、警示通报和后处理工作。扩大市场竞争，科学合理确定监督抽查的承检机构。建立产品质量市场反溯机制，对从市场上广泛获取的产品质量信息进行分析和预测，及时反馈到生产领域，从源头上加以预防和控制。创新电子商务产品监督抽查机制，以"大数据""云计算"等方式加强对电商产品质量违法行为的监测，完善"风险监测、网上抽查、源头追溯、属地查处、信用管理"的电子商务产品质量监督机制。

——组织质量攻关整治。市场监管部门可以会同有关部门，充分发挥各自职能作用，积极引导和推动有关产品质量攻关整治。建立"政产学研检联盟"，围绕重点产品、重点行业开展质量状况调查，组织质量比对和会商会诊，找准比较优势、行业通病和质量短板，研究制定质量问题解决方案，形成产品质量分析报告及产业质量发展建议，为党中央、国务院及地方党委政府提供决策参考。对质量问题较多的重点区域，实施区域集中整治，挂牌督办，落实属地责任。对区域性质量问题得不到有效解决的，敢于"亮牌吹哨"，约谈相关负责人；严重的在媒体曝光，加强舆论监督，倒逼其整改落实。加快推进"品质革命"，针对中高端消费需求，利用国际先进标准，推出一批消费品高端品质认证服务，开展"新业态、新消费"质量监测服务专项行动，多推具体产品信息，多发具体产品质量提升新闻，加强质量信息供给，积极传递质量信号，让老百姓有更强的"质量获得感"。

——改进行政执法机制。完善跨部门信息通报、联合执法、隐患排查、事故处置等执法协作机制，发现问题迅速调查处理，上游环节及时查明原因，下游环节及时控制危害。建立完善行政执法和刑事司法"两法"衔接工作机制，与公安部门合设日常工作机构，建立信息共享平台，建立移送刑事司法程序处理案件备案制度，加强行政执法部门与刑事司法部门的联合办案和信息互通，尽量使刑事司法部门在多数质量违法行政案件的调查取证阶段就及早介入，提高办案质量和效率。

——推进质量社会共治。百年大计，教育为本。质量教育是弥补质量人才培养短板的现实需要。市场监管部门可以联合相关部门，构建政府、院校、企业、社区多层次质量基础教育网络，加强对广大学生和领导干部、企业家、员工的教育培训。特别是在中小学普及基本质量素养教育，在普通高等院校推行"学科＋质量"，在各类职业院校推行"专业＋质量"，把质量教育纳入党校、行政学院和各类干部培训院校教学计划。充分发挥新闻媒介、行业组织、群众团体的舆论引导和监督作用，普及质量法制知识，传播先进质量理念。创新开展"质量月"、"3·15国际消费者权益日"和世界知识产权日、标准化日、计量日、认证日等参与式、体验式群众质量活动，大力培育"崇尚质量、追求卓越"的质量文化。充分发挥消费者保护组织的作用，鼓励成立专业化细分领域消费者组织，鼓励通过消费者协会等组织提起公益诉讼。进一步畅通投诉举报渠道，设立专项奖励资金，鼓励投诉举报。引导和鼓励地方政府、慈善组织、社会团体发起设立产品质量伤害鉴定救助基金，为经济困难的消费者提供救助。

——以质量信息公开破解质量信息不对称。质量信息不对称是质量问题的重要根源。破解我国产品质量问题，必须抓住质量信息公开这一关键。市场监管总局的一项重要职责，就是统一登记市场主体并建立信息公示和共享机制，质量信息的公示共享是其应有之义。要会同有关部门，以信息化和大数据技术为支撑和工具，从企业主体信息、产品和服务质量信息、政府监管信息等的获取、加工、公开、评价、应用方面发力，全链条、成体系地做好质量信息工作，有针对性地缓解质量信息不对称程度，切实纠正市场失灵状况，加快建立正向选择的有效市场机制。

5. 提升质量总体水平

——提高质量标准。围绕重点产品，开展国内外标准比对工作，提升国内外标准水平一致性程度。助推企业参与国际标准化活动快速通道，帮助企业更多参与国际标准制修订。全面深入推行企业标准自我声明公开和监督制度，发布企业标准排行榜，通过市场化机制培育企业标准领跑者，鼓励和引导企业主动采用先进标准。提高消费品质量安全标准，开展消费品标准化示范工作。扩大内外销产品"同线同标同质"实施范围，加快转化先进适用的国际标准和合格评定程序，切实消除国际国内市场产品的"质量高差"，更好满足消费升级需求，增加高品质产品消费。通过多措并举，以具体的质量标准提升，将构建高标准市场体系落到实处。

——充分发挥质量主体作用。企业是市场的主体，也是提升产品质量的主体。一要构建以首负责任为核心的责任追溯体系。将与消费者构成直接利益关系的企业明确为首负责任者，在生产、流通、销售全过程哪个环节发生质量问题，就由哪个环节的企业承担首负责任，先进行召回或赔偿，形成对上把关、对下负责的清晰责任链条。二要重塑生产经营者质量主体责任体系。建立企业质量安全控制关键岗位责任制，明确企业法定代表人或主要负责人对质量安全负首要责任、企业质量主管人员对质量安全负直接责任。推动大中型企业设立首席质量官，拥有质量安全"一票否决"权。健全产品质量追溯体系，推动企业履行质量担保责任及缺陷产品召回等法定义务。三要建立以创新驱动提升质量安全水平的机制。推动企业加强计量、标准、质量管理、检验检测体系建设，大力推广先进技术手段和现代质量管理理念方法，积极应用新技术、新工艺、新材料，建立科研与标准研究同步、科技成果转化与标准制定同步、科技成果产业化与标准实施同步等"三同步"机制，推动具备条件的企业建立技术中心、工程中心、产业化基地。四要完善企业质量自我声明制度。企业对质量自我声明、自我承诺、自动召回，是发达国家企业履行质量安全主体责任的重要特征。要完善质量的企业声明、社会监督机制，促使企业主动向社会说明产品质量并承担责任，有效发挥市场优胜劣汰作用。五要加强全面质量管理。政府部门要了解企业质量管理的新情况、新问题，挖掘企业质量管理的新做法、新经验，引导建立健全全员、全过程、全方位的质量管理体系。组织国际先进质量管理方法特别是中国质量管理创新成果和先进管理方法宣传，大力宣传树立质量标杆，开展比学赶超活动。让全国4200余万个质量管理（QC）小组活跃起来，掀起群众性质量管理活动新热潮，推广ISO 9000族标准。

——弘扬工匠精神。人是生产力中最革命、最活跃的因素，生产者素质是质量水平的重要决定因素。质量之魂，存于匠心。技能人才短缺一直是制约我国产品质量水平的一个重要因素，导致"同样的生产线却造不出同样品质的产品"。要厚植工匠文化，广泛开展工匠精神宣传教育，积极培育追求卓越的质量精神和先进质量文化，让恪尽职业操守、崇尚精益求精融入中华民族的文化基因，成为全社会、全民族的价值导向和时代精神，

建设　质量　————→ 强国

让14亿人都成为工匠精神的实践者、质量文化的传播者和质量提升的参与者。加快完善现代职业教育体系，加强质量专业人才培养，打造一支高素质技术人才队伍，培育更多高技能、紧缺型、创新型"大国工匠"，汇聚建设质量强国的巨大力量。

——加强质量品牌建设。产品质量提升，很重要的一个标志就是品牌。品牌的背后是质量，品牌建设必须建立在质量的基础之上。据统计，发达国家20%的强势品牌占据了全球80%的市场份额。目前很多发达国家已经建立起国家层面的品牌推进机制，如韩国成立了"国家品牌委员会"，作为总统府直属机构。对于我国来说，亟须加快制定实施品牌发展战略，树立品牌评价标准，推动建立国际互认的品牌评价体系，发布中国品牌价值排行榜和重点行业品牌价值排行榜。加强品牌培育，组织品牌培育试点，开展质量提升示范。加强品牌保护，防止和打击侵权假冒。加强品牌宣传，引导企业增强以质量和信誉为核心的品牌意识。加速我国品牌价值评价国际化进程，打造更多享誉世界的"中国品牌"。

6.筑强质量基础设施

计量、标准、认证认可、检验检测等质量基础设施水平上不去，不仅产品质量水平上不去，建设科技强国、制造强国难以实现，整个国家的经济基础也不扎实，甚至在国际竞争中丧失话语权、受制于人。市场监管总局统一管理计量、标准、认证认可、检验检测等工作，需会同有关部门，加强国家质量基础设施的建设和协同应用。

——构建国家现代先进测量体系。国际计量单位制包括时间、长度、质量、温度、电流、发光强度、物质的量等7个基本单位。2019年5月20日起全部实施重新定义的国际单位制，新的计量体系将由实物基准全面转变为量子基准。要抓住这次国际计量变革的重大机遇，制定量子化时代的中国计量发展战略，启动"量子计量变革优先传递计划"，加强量子计量和传感等先进测量技术、测量方法研究和应用，加快构建以量子计量为核心的国家现代先进测量体系，为提升我国产品质量乃至建设制造强国、质量强国提供强有力的支撑和保障。

——加快国家标准体系建设。转变政府主导标准制修订的大一统模式，推动我国标准体系向政府主导制定的标准与市场自主制定的标准协同发展、协调配套的新型标准体系稳妥过渡。整合精简强制性标准，优化完善推荐性标准，培育发展团体标准，放开搞活企业标准，提高标准国际化水平。发达国家的标准几乎都是团体标准且自愿施行，新《标准化法》明确了团体标准法律地位，应支持有实力和影响力的社会团体制定发布市场急需、技术领先的团体标准，引领企业产品质量提升。

——完善国家合格评定体系。按照必要性和最小化原则，根据产品风险等级和产业成熟度，清理整合现有认证事项，推动"目录瘦身、简化程序、减轻负担"。坚持引导和强制相结合，对涉及安全、健康、环保等产品实施强制性认证；采取激励措施，鼓励企业参与自愿性认证，推进企业承诺制，以接受社会监督；大力开展绿色有机品、机器人、物联网等高端产品和健康、教育、电商等领域服务认证。国际上检验检测认证越来越归于集中，在我国，市场监管总局统一管理认证认可、检验检测等工作，应引入市场化机制，进一步推动检验检测认证机构整合，培育发展检验检测认证服务业，严厉打击假认证、买证卖证等行为，充分发挥认证认可、检验检测"传递信任"的作用，为产品质量提升擦亮"通行证"。

——加强对质量发展落后地区的质量公共服务。根据我国质量城乡、区域发展不平衡的特点，加强对质量发展落后地区的质量公共服务供给，把更多的公共资源向落后地区倾斜、向基层覆盖。加快质量基本公共服务均等化，推动质量管理部门、质量技术机构和质量监管与技术人员力量向落后地区延伸，鼓励发展面向落后地区的公益性消费者维权等社会组织，维护落后地区群众利益。加强落后地区群众质量意识和知识教育，向其提供基本的质量知识普及、质量技能教育，提升其质量意识和技能素质。

（二）企业层面：提升质量管理水平

质量是企业的生命。这是中外质量专家反复论证阐述的经济学和管理学原理，是无数企业成败的经验教训不断证明的真理。

企业是市场主体，在质量强国建设过程中发挥着重要主体作用。经过改革开放以来的发展，我国企业的整体质量水平得到大幅提升，许多领域的产品打开了国际市场，不少企业品牌也拥有较高的世界知名度，为推进质量强国建设打下坚实基础。但是也要清醒意识到，与经济社会发展要求相比，与先进国家相比，我国企业还存在一定差距。一些企业"质量第一"理念尚未确立，质量管理方法较为落后，质量运行机制不完善不健全，这些问题不仅影响企业自身发展，也会掣肘质量强国建设。因此，必须突出强调企业市场主体地位和作用，进一步提升企

* 贵州轮胎加强质量管理，推进精益生产模式，有机融入5G技术，促进产品质量不断提升，获第三届贵州省省长质量奖等殊荣。图为公司5G工厂自动化检测生产线（李刚摄）

业质量管理水平。

树立以质取胜发展理念。中国特色社会主义进入新时代，我国经济也由高速增长阶段转向高质量发展阶段。推动高质量发展，要围绕建设现代化经济体系，坚持质量第一、效益优先，促进经济结构优化升级。在这样的时代背景下，我国广大企业要在更高的站位上认识质量的重要性，牢固树立质量第一、以质取胜的理念，自觉通过加强质量管理提升供给能力，以更高质量的产品和服务满足市场需求。

打牢质量技术工艺基础。质量是实实在在的东西，质量提升当然也需要做好实实在在的工作。对于企业而言，提高质量最有效、最实在的工作，就是创新质量技术、改进质量工艺。

因此，企业一要转变生产观念，注重质量效益，从产品设计到原料采购、生产加工、检验检测等各环节，都要进行创新，不断提高产品的性能稳定性、功能可靠性和质量一致性；二要注重质量人才队伍建设，一方面要引进高质量人才，另一方面要开展质量人才培训，提升企业整体质量素养和质量文化底蕴。

完善质量管理体系机制。如果说质量技术工艺是"硬件"，那么质量管理就是"软件"。企业要积极引进科学的质量管理理念，把卓越绩效、精益生产、六西格玛等世界先进质量管理方法应用到日常生产经营过程中，提高全员全过程全方位质量控制水平。建立产品全生命周期质量追溯机制，堵住生产过程各环节可能存在的质量管理漏洞。充分利用互联网、大数据等信息技术手段，提升质量精准管控、检测能力。关注用户评价，让用户参与到企业质量管理和质量改进过程中。建立质量责任制度和质量奖惩制度，将质量责任落实到每一位员工身上，通过激励约束机制调动企业所有成员的积极性。

推行首席质量官制度。首席质量官（CQO）是企业中的第一质量责任人，属企业的高层领导，参与企业的战略决策。要赋予首席质量官更大的权责，特别是质量安全"一票否决"权。首席质量官要肩负起应有的职责，把质量理念嵌入企业的各个层面、各个环节。要引导企业以品牌、标准、服务和效益为重点，强化质量文化，强化社会责任，强化经营绩效和市场竞争力，坚持走质量效益型、品牌信誉型、自主创新型和资源节约型的发展道路，增强质量竞争力，加快推进企业质量建设。

弘扬工匠精神和企业家精神。推进质量强国建设，必须弘扬工匠精神和企业家精神，这已经成为社会共识。党的十九大报告指出，要建设知识型、技能型、创新型劳动者大军，弘扬劳模精神和工匠精神，营造劳动光荣的社会风尚和精益求精的敬业风气。工匠精神落在个人层面，就是一种认真精神、专注态度，不仅注重生产细节，还对产品质量负责；落在企业层面，就是企业家精神，这种精神既注重创新，也强调敬业，还体现执着。企业只有把工匠精神和企业家精神融入血脉之中，时时处处讲质量、重质量，才能打造出质量标杆企业，培育出品牌"百年老店"。

（三）行业层面：发挥行业自律的重要作用

维护市场秩序，既要靠政府监管和法律规制，也要发挥行业自律的作用。行业自律被称为维护市场秩序的"第二只手"。通过行业协会开展的行业自律活动，往往比政府政策对市场的影响力更灵活也更有效。随着行业协会在市场中的协调服务能力越发重要，企业对市场的主动作用越发凸显，全社会已经意识到，没有行业自律，企业效益无法稳步提升，行业整体也无法实现又好又快发展。

行业自律能集中行业的智慧、促进行业文化建设，能将每个企业的竞争力形成整个行业的合力，是一条市场化的维护市场公平竞争的道路，是实现共同利益的重要手段。建设质量强国，必须要发挥行业自律的重要作用。

在推进质量强国建设过程中，各行业协会、商会组织应在行业调查、行业统计、行业规划和行业标准制定、技能资质考核、产品展销等方面起到"传送带""分流器""上挂下联"的作用，做许多企业想做却做不到、政府要做却无精力做的事，为创建守法生产、诚信经营、公平竞争、优质优价的市场发展环境，全面提升质量水平，提供强有力的支撑。

具体而言，行业协会、商会倡导行业自律，主要做好以下几个方面的工作。

加强宣传教育，营造质量氛围。全国各领域行业协会、商会组织要积极开展质量宣传教育活动，让成员单位严格遵守国家法律法规和有关政策规定，坚持质量第一、诚信至上、社会责任优先原则，强化质量安全主体责任意识。利用各种传媒手段加强质量安全知识普及，扩大质量宣传教育覆盖面，营造人人参与质量、人人创造质量的浓厚氛围。

规范生产经营，确保质量安全。督促会员单位认真履行质量管理规范，制定完善质量责任制度，严格执行各项标准规范，把好从原料进场、生产加工、检验检测到产品出厂各个环节的质量关口，确保产品合乎质量安全要求规定。建立完善的质量追溯机制和售后服务体系，发现存在产品质量和服务问题，能快速反应，做好公关、产品召回等善后工作。

倡导公平竞争，守护市场秩序。有市场就有竞争。行业协会、商会等组织的成员单位，往往既是合作伙伴，也是竞争对手。这就要求协会、商会组织要统筹协调好成员单位之间的关系，要求他们开展一切市场活动都要遵守国家法律法规规定，光明正大合作、公平公开竞争，既不搞联合排外、串通定价等不正当竞争行为，也不行诋毁诽谤、贬损对手等违背商业道德之举。同时，尊重其他市场主体的市场地位及相关市场权益，不侵犯他人商标、专利、品牌等正当权益。

做好质量服务，提供技术支持。行业协会、商会等组织要积极开展质量管理培训，提升成员单位质量责任意识和质量管理水平。开展非营利性的质量品牌评价、质量比较试验、团体标准研制等活动，及时、客观、公正地向社会传递质量信息。善于利用现代信息技术手段，提高质量信息采集、追踪、分析、处理能力，加强质量大数据分析运用，提升质量安全动态监管、质量风险预警、突发事件应对、质量信用管理的综合效能。

（四）消费者层面：壮大消费者协会组织力量

在各市场主体中，消费者相对经营者而言处于弱势地位，在这种情况下，要实现和保护自身权益，消费者需要由分散变集中，壮大力量，而"力量集中"的主要形式，就是建立消费者协会组织。消费者协会、消费者委员会等组织，是消费者的"娘家人"，代表消费者的利益。

根据我国《消费者权益保护法》第三十一条的规定，消费者协会和其他消费者组织是依法成立的对商品和服务进行社会监督的保护消费者合法权益的社会团体。从这一定义看，消费者协会组织应依法成立，具有社会团体法人资格，其任务是对商品和服务进行社会监督、保护消费者的合法权益。当然，消费者协会组织是社会团体组织，不是政府部门，亦非企业单位。

消费者协会组织的法律属性决定了其职责功能：向消费者提供消费信息和咨询服务，提高消费者维护自身合法权益的能力，引导文明、健康、节约资源和保护环境的消费方式；参与制定有关消费者权益的法律、法规、规章和强制性标准；参与有关行政部门对商品和服务的监督、检查；就有关消费者合法权益的问题，向有关部门反映、查询，提出建议；受理消费者的投诉,并对投诉事项进行调查、调解;投诉事项涉及商品和服务质量问题的,可以委托具备资格的鉴定人鉴定,鉴定人应当告知鉴定意见;就损害消费者合法权益的行为,支持受损害的消费者提起诉讼或者依照《消费者权益保护法》提起诉讼;对损害消费者合法权益的行为,通过大众传播媒介予以揭露、批评。

多年来,我国消费者协会组织积极履行社会职责,为保护消费者合法权益、营造放心消费环境、促进质量整体水平提升做了大量富有成效的工作。在建设质量强国过程中,应不断壮大消费者协会组织力量,发挥其无可替代的作用。

全国消费者协会组织要强化使命感、责任感,增强自豪感、成就感,紧密围绕党和国家的中心工作,牢固树立全心全意为消费者服务思想,坚持法治意识、创新意识、共治意识,根据法律赋予的定位和职责,不断提高消费维权水平。

关注市场变化,引导新型消费。市场瞬息万变,消费者协会组织要善于观察、研究市场消费新动向,一方面推动生产经营者大胆创新,不断推出新产品和新服务,满足消费者新需求;另一方面引导消费者科学消费、合理消费,树立智能、绿色、健康、安全的消费观,追求有品质、有价值、可持续的消费方式,以高质量的消费促进经济社会高质量发展。

聚焦重点领域,尽责权益保护。消费者协会组织要做好经常性的市场调研工作,抓住重点领域、薄弱环节,关注农村地区、边远地区,梳理信息消费、体验消费、远程消费、电商直播等新型消费中的热点问题,采取有效措施提升消费维权效能。围绕侵害消费者合法权益行为,组织开展调查,发现问题,厘清责任，并通过约谈、曝光、诉讼等形式，切实加强对消费者的保护，敦促相关行业企业商家尊重消费者权益，提升服务质量。

创新工作方法，加强沟通协调。消费者协会组织作为消费者的代言者，要不断与企业商家、政府部门、法律机构、新闻媒体及其他社会组织打交道。而要做到沟通畅快、协调高效，就必须因地制宜、因时制宜，创新工作方法。要加强制度建设，建立起有实效、管长远的工作机制，通过积极努力，形成对消费热点有回声、对消费难点有实招、对不法行为有举措、对政府决策有建议的富有生机活力的共治局面。

（五）社会各界层面：构建质量共治新格局

质量强国的"强"，除了表现在产品品牌、产业结构、管理体制、质量人才、市场环境等方面之外，还应该表现在全社会所有成员都十分关注并积极参与质量事务的强烈社会氛围方面。基于此，建设质量强国，必须要构建质量共治的新格局，形成推动质量提升的叠加效应和强大合力。

要完善质量多元共治的顶层设计，理顺质量治理中政府、市场、社会组织的关系，广泛动员政府、市场、社会各方力量，深入推进更大范围的"大质量监管"。政府在加大对重点环节、重点领域、重点行业监管执法力度、强化事中事后监管的同时，要深化"放管服"改革，提高其他主体参与质量治理的积极性。推动企业质量诚信体系建设，完善质量信息披露制度、质量失信企业"黑名单"制度和质量违法人员禁入制度。

构建质量共治的新格局，要特别重视发挥企业的主体作用。当前，一些企业守法意识淡薄，社会责任缺失，是导致质量安全问题的重要原因。少数世界知名企业也曾因质量问题给社会带来不良后果并使企业自身陷入危机。所以，企业一定要坚守商业道德，强化"质量即生命"理念，自觉保证产品和服务质量。企业必须讲诚信，做到信誉重于利益、质量重于数量。要健全责任体系，完善责任机制，在企业内部形成对自己的产品负责、对消费者负责、对社会负责、对国家负责的良好氛围。知名大企业尤其是央企，要发挥质量引领示范作用，在落实企业质量主体责任、完善质量管理体系、发展中国特色质量文化、加强自主品牌建设、履行社会责任等方面，为全国企业做表率。

消费者是质量的受益者，也是质量的建设者。在构建质量共治的新格局过程中，广大消费者是一支不可或缺的基础性力量。消费者要不断提高质量意识、掌握质量知识，对劣质产品和服务"用脚去投票"，并举报质量违法行为。当然，要强化消费者的维权意识，发挥其质量监督作用，必须要完善消费者权益保护法律法规制度，让他们能够自愿、自觉、主动地拿起法律武器维权。现在许多消费者的维权意愿不强，一方面在于其法律意识薄弱，另一方面在于现实维权途径不畅。因此，在开展质量法治教育的同时，应着重完善相关法律法规并疏通维权渠道，特别是大幅提高权益损害民事赔偿力度，把对质量违法者的惩处由"罚得倾家荡产"变为"赔得倾家荡产"，以调动消费者维权积极性，使每个消费者都能成为质量监督者和违法企业的终结者。

包括前文提到的行业协会组织、消费者协会组织在内的所有社会组织，是质量共治新格局的基础性构成部分。这些社会组织在企业、消费者、政府监管部门之间沟通协调，充当桥梁纽带，同时也发挥一定的监督职能，对维护质量安全、提升质量水平有极其重要的促进作用。所以，相关社会组织要行动起来，积极提供技术、标准、检验检测、质量管理、品牌建设等咨询服务，及时反映企业及消费者的质量需求，引导行业诚信自律，促进行业规范发展。科研院所、高等院校要加强质量基础研究和学科建设，为社会培养大批质量专业人才，推进质量科技成果的转化应用。

被视为社会公器的新闻媒体，具有公共服务性和社会共享性，在构建质量共治新格局的过程中，具有不可替代的作用。新闻媒体要加强质量宣传，引导全社会准确研判质量形势，增强质量信心，共推质量发展。要加强对质量法律法规、质量常识、质量典型的宣传报道，使社会各界更加关注质量、重视质量。要加强监督，建立完善有效的监督机制和信息沟通机制，让人民群众对质量问题有地方诉说、对质量工作有平台交流。对重视质量、发展质量的，要给予支持、鼓劲加油；对忽视质量、漠视质量，甚至践踏质量的，要敢于曝光、揭露，形成"老鼠过街，人人喊打"的局面。

质量问题关系每一个社会成员、每一个消费者，只有通过发动社会各方面的力量，齐抓共管、各担其责，构建起质量社会共治机制，形成"人人重视质量、人人创造质量、人人享受质量"的浓厚氛围，才能真正形成推动质量提升的叠加效应和强大合力，从而筑牢建设质量强国的社会基础。

第 7 章

积极营造建设质量强国的社会环境

我国工人阶级和广大劳动群众要大力弘扬劳模精神、劳动精神、工匠精神，适应当今世界科技革命和产业变革的需要，勤学苦练、深入钻研，勇于创新、敢为人先，不断提高技术技能水平，为推动高质量发展、实施制造强国战略、全面建设社会主义现代化国家贡献智慧和力量。

——习近平总书记致首届大国工匠创新交流大会的贺信（2022年4月27日）

现代标准化工业大生产，是伴随着互换性零部件的产生而产生的。可以说，现代质量管理是伴随着现代工业化诞生而起步、发展起来的。质量管理从1940年以前的质量检验阶段，到1940—1960年统计质量控制阶段，到1960年以后的全面质量管理阶段，就逐步从企业内部管理发展到社会管理，注重社会质量环境是现代质量管理的一大特色。

质量界有一句话说，质量不是检验出来的，质量是生产出来的，质量是监管出来的，质量也是竞争出来的。事实上这个逻辑就说明了质量管理理论发展的历程——从工厂内部迈向了社会，对社会环境提出了具体而多元、复杂而深刻的要求。同时，产品质量和质量管理一头连接企业、一头连接社会，变成现代社会生产和生活的重要构成要素，社会环境成为考量质量发展规律、维护质量安全、建设质量强国的重要因素。

一、质量与消费

质量与消费者密切相关，可以说是每天打交道。我国是文明古国，质量消费的记载源远流长，诗词歌赋中都有论及质量消费的。元杂剧《玉壶春》《度柳翠》《百花亭》等都有"开门七件事，柴米油盐酱醋茶"的说法。英国古典经济学派的代表人物李嘉图说："任何人从事生产都是为了消费或销售；销售则是为了购买对他直接有用或是有益于未来生产的某种其他商品。"马克思说："衣食住行是人们最基本的物质生活需要，人类要生存发展必须首先进行物质资料生产。"无论是"柴米油盐酱醋茶"，还是"衣食住行"，其中都有质量因素、质量元素。

消费者购买商品，前提是其使用价值，符合消费者的日常生活需要。粮食能够充饥，衣服能御寒、保暖，车辆可方便出行、节约时间，房屋可实现居有定所、保障起居安全。使用价值包含的因素很多，其中重要的是质量因素，即产品可靠性和安全性、功能满足性、性能适用性等。比如，粮食应该是安全的，最好是高营养的、口味丰富的；衣服应该是经久耐穿、式样合体，最好是风格独特、显示素质或者身材的；车辆是可以乘坐、安全行驶，最好是车内空间大、功能舒适的；住房是可以居住、遮风挡雨的，最好是房间面积大、环境好；等等。这些都是质量因素，都是消费者的需求。因此，生产和消费是人类从事物质生产活动的基本内容，物的使用价值特别是其中的质量因素是最为人们所关注的。

＊后手机时代，AR/VR是消费电子重要创新方向。图为消费者正畅玩AR设备（王嘉摄）

第⑦章　　一 积极营造建设质量强国的社会环境

工业社会，产品的质量成为消费者选择的重要因素。过去，我们面临着"有没有"的问题，主要是数量不足的问题；现在，我们面临着的是"好不好"的问题，质量问题就凸显了出来。比如，奶粉、乳制品等婴幼儿产品，校服、纸张、学习用品等学生用品，家电、家具、纺织用品等日用消费品，家用小汽车、校车等交通工具，建筑装修材料、农业生产资料、节能环保产品、智能穿戴类新兴消费品，等等，与广大消费者的健康安全、生命安全、生活质量密切相关的民生质量问题，是广大人民群众美好生活的重要内容。对于上述事关民生的质量问题，是人民群众质量获得感的重要方面。所以有人说，产品质量无处不在，直接关系到老百姓的日常生活。现代社会消费类型发生了翻天覆地的变化，个性化、多样化、差异性等成为新潮流，对产品质量提出全新的要求。

习近平总书记在党的十九大报告中指出："中国特色社会主义进入新时代，我国社会主要矛盾已经转化为人民日益增长的美好生活需要和不平衡不充分的发展之间的矛盾。"这一重要表述，标定了我国发展的全新历史方位，标志着我们党对社会主要矛盾的认识进入新的境界。习近平总书记还指出："完善促进消费的体制机制，增强消费对经济发展的基础性作用"，这充分体现了以人民为中心的思想，给质量强国建设提出了"美好生活需要"新目标。

二、质量与经济

尽管严格意义上产品质量是从工业化时代开始的，但从一般意义上讲自人类产生之后，就有剩余产品的交换，就有质量

177

建设 质量 ————→ 强国

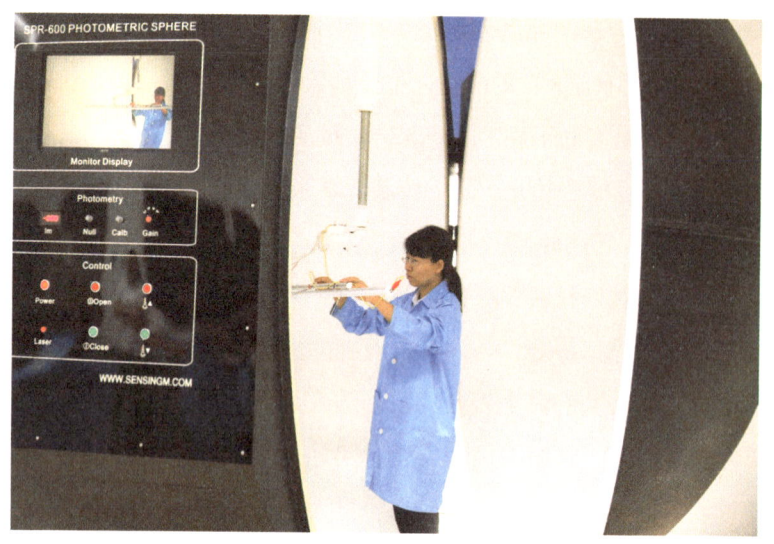

＊未来照明产业更注重产品的光品质（如高光效、高演色性、R9值和色容差）、人因健康照明和智慧化。图为某LED照明检测中心（王嘉摄）

的要素（剩余农产品的质量高低问题）。因此，从物质资料生产活动的全过程来看，产品质量是生产、分配、交换、消费四环节的细胞，是经济活动的最终实现形式。现代质量管理有一句名言：质量是企业的生命。从这个意义上讲，产品质量是经济活动的细胞。产品质量是贯穿生产、分配、流通、消费这四环节的灵魂，是经济活动的载体，也是经济活动的最终实现形式。正常情况下，产品质量符合需求，通过消费者购买使用、生产者实现利润、国家收到税费、企业投入新一轮的生产四环节才能得以完成。这一点的重要性，往往为研究者们所忽视。

这里，我们再关注一下交换与质量的关系。社会人，是不可能自己生产自己生活所需的所有物品的，是需要与他人交换劳动成果的。马克思说:"使用物品可能成为交换价值的第一步,就是它作为非使用价值而存在,作为超过它的所有者的直接需要的使用价值量而存在,物本身存在于人之外,因而是可以让渡的。"就是说,当生产出现过剩、可以交换时,产生了最原始的交换。交换的一个前提,是物品对交换中的接受者是有用的、有价值的、有质量的。

如果交换中的接受者对物品的使用价值和质量因素不认可,交换也不可能发生。因此,交换环节实现的前提,是交换物品的质量因素及其使用价值。离开这一前提,交换无从谈起。西方经济理论曾提出"效用递减规律",就是将物的"效用"同满足人们需要的程度相联系,它们之间存在一种函数关系,当需要得到一定满足之后,物相对于人的"效用"就逐渐降低。这种需要实际上描述的是物品的质量因素与消费者的需要关系,即离开了质量因素和使用价值,交换就不会产生。

从一个产业来看,整体产品质量水平就是该行业竞争力的具体体现。瑞士的钟表、精密仪器,日本的家电、汽车,韩国的汽车、电子,美国的计算机、化工、汽车,整体产业的质量水平比较高。这些产业的产品功能强大、性能优越,从而使得整个行业的质量竞争力很强。

从一个国家的经济实力来看,产品质量是经济质量的具体体现,产品质量是通过可靠性耐用性、适应性符合性、品种品牌、档次等级等,来实现产业结构调整、经济发展方式转变、核心竞争力增强。国家主席习近平在亚太经合组织工商领导人峰会上的演讲中指出:"中国经济发展正在从以往过于依赖投资和出口拉动向更多依靠国内需求特别是消费需求拉动转变。"

三、质量与诚信

质量与诚信是一对双胞胎。好质量就是好的诚信度，讲究诚信就是追求质量。对广大消费者来说，选择产品，既要选择产品质量又要选择企业诚信。

俗话说，人无信不立，家无信不和，业无信不兴，国无信不强。中华民族是一个讲诚信的民族，童叟无欺、商鞅立木等故事广泛传扬。鲁迅曾经说过："诚信为人之本也！诚信比金钱更具有吸引力，比美貌更具有可靠性，比荣誉更具有时效性。"就产品质量来说，一个好的企业，必须懂得"靠质量赢信誉，靠信誉得效益"。质量与诚信的关系是紧密正相关的。质量好、诚信度高，效益就好。

质量与诚信也有本质上的区别，质量本意上是针对产品的客观功能，诚信本意上是针对企业的主观意愿；二者的联系是，诚信是检验企业主观动机、服务质量的重要内容，也是较广泛意义上的质量。

应该说，我国绝大多数企业是把诚信建设放在企业发展的重要位置的。改革开放以来，出现了一大批产品质量好、讲究诚信的企业。但毋庸讳言，也出现了极少数或者极个别的不诚信的企业。市场放开搞活后，有的企业为了追求经济利润而忽视产品质量，使假冒伪劣产品冲击市场，严重破坏经济发展的良好环境和诚信氛围，成为社会"公害"。从另一个角度来看，这是社会精神文明建设的速度相对落后于物质文明迅猛发展的速度的表现。

党和国家对此高度重视，采取各种有效措施加以解决。

第 ⑦ 章　　一 积极营造建设质量强国的社会环境

1989年9月国务院发出《关于严厉打击在商品中掺杂使假的通知》，1992年7月国务院发出《关于严厉打击生产和经销假冒伪劣商品违法行为的通知》，1993年7月国家以主席令形式颁布《关于惩治生产、销售伪劣商品犯罪的决定》。2010年11月起，国务院部署在全国统一开展打击侵犯知识产权和制售假冒伪劣商品行为专项行动。可以说，改革开放以来，打假治劣、惩罚失信一直在加强、持续推进。

党中央把加强诚信建设作为倡导良好社会公德的内容，对质量事业来说，也有着重要的现实意义和深远的历史意义。现在，国家加强质量诚信建设的途径主要有以下几个方面：一是加强制度建设、健全诚信体系。现代社会是法治社会，坚持依法治国是加强质量治理的首要因素。二是加强失信的惩治力度。根据法律法规，对违反质量诚信的企业和个人，坚决打击。严重违反质量诚信的，在食品药品等特殊行业甚至终身禁止进入。三是强化诚信问题治理手段，把对失信企业的惩治和对企业法人代表的惩治结合起来，营造一处失信、处处受制的约束氛围。四是加强质量诚信的宣传和教育，树立质量诚信的正面典型、事例，引导广大企业和生产经营者，用诚信引领质量工作。

2018年，国务院新一轮机构改革中新成立的市场监督管理总局在内设机构中新设立了"信用监督管理司"，其主要职责是：拟订信用监督管理的制度措施；组织指导对市场主体登记注册行为的监督检查工作；组织指导信用分类管理和信息公示工作，承担国家企业信用信息公示系统的建设和管理工作；建立经营异常名录和"黑名单"，承担市场主体监督管理信息和公示信息归集共享、联合惩戒的协调联系工作。这是国家专门设立的信用监管机构，近年围绕信用监管制定出台一系列政策措施，大大加强了信用监管工作。2021年7月30日出台的《市场监督管理信用修复管理办法》，规定县级以上地方市场监督管理部门依据本办法规定负责信用修复管理工作，可以对经营异常名录、严重违法失信名单开展信用修复管理工作，进一步完善了信用监管的政策体系，严格了信用监管、信用修复等工作。

2021年11月18日，中共中央、国务院通过的《关于加强新时代老龄工作的意见》中指出，市场监管等部门要加强监管，严厉打击侵犯知识产权和制售假冒伪劣商品等违法行为，维护老年人消费权益，并特别强调"营造安全、便利、诚信的消费环境"。

近年来，我国质量诚信建设取得很大成效，质量安全事件、质量信用损害案件的发生频率和影响已经大幅下降。质量是一个国家的形象、一个民族的形象。相信通过坚持不懈的努力，质量信用在我国会逐渐成为一流企业的"名片"，我国的产品质量一定会形成过硬的国际口碑。

四、质量与品牌

质量与品牌紧密相关，质量好是品牌的前提，品牌好是质量的体现，二者相辅相成，互为因果。我国的"十四五"规划纲要首次提出"开展中国品牌创建行动"，这是一个重要决策。品牌是我国建设质量强国的重要载体和手段，是我国未来发展的重要竞争力和发展潜力所在。

质量是品牌的基础。市场经济条件下，质量是产品赢得市场竞争、赢得消费者的首要因素。短缺经济条件下，消费者选择产品，面临的是"有没有"问题；过剩经济条件下，消费者选择产品，面临的是"谁更好"问题。1997年亚洲金融危机爆发后，我国外贸形势严峻、出口受限，全国生产的工业品95%出现"过剩"现象。消费者购买产品第一次出现可选择性，选择品牌成为市场发展的趋势。短缺时代，消费者选择产品，主要是考虑适用性，产品的性能满足、指标可靠就可以了；过剩时代，质量变成一组符合性的指标，对产品标准、认证等提出更高要求，实际上是对企业、产品作出选择，品牌的形象就此产生。

品牌是质量的凝结。提升自主品牌形象，推动品牌建设，有N个因素，但专家普遍认为的排在第一的还是质量因素，其他因素包括：创新能力、诚信建设、文化建设、人才队伍、营销策划、市场环境等。对于品牌的理解多种多样，一般比较认可市场营销专家菲利普·科特勒博士的解释："品牌是一种名称、术语、标记、符号或图案，或是它们的相互组合。"有人认为，企业品牌就是牌子、商号、商标；也有人认为，品牌是代表有关产品的一系列附加值，包含产品功能和用户消费心理，包括效用、功能、品位、形式、价格、便利、服务等。但说到底，产品质量是品牌的核心要素，是基础性内容，包括产品的标准、计量、检验检测、合格评定等，保证了产品的适用性、可靠性、符合性，为产品取得消费者的认可、信赖打下坚实基础，保证消费者与产品品牌之间保持忠诚度、黏合度。

品牌产品和企业占据产业价值链的中高端。根据专家分析，品牌产品的销售利润率比市场同类产品要高出23%以上。因此，重视品牌的企业，必须先重视质量，用高标准生产产品、用严格的质量管理管控生产，靠产品的适用性、可靠性和符合性，来积累口碑、铸就品牌。发达国家大公司的基本策略：用过硬质量打造过硬品牌、用一流品牌打造一流企业。德国，一个只有8000万人口的国家，竟然有2300多个世界品牌，涵盖化工、机械、电器、光学、厨房用品、体育用品等，都是全球质量信誉最好的行业和产品。而且，德国出口商品的30%以上是独家产品，品种独特，在国际市场上竞争力强，没有同类品种、竞争对手。美国在我国的大品牌企业很多，计算机类有英特尔、微软、苹果，饮料有可口可乐、百事可乐，百货有沃尔玛、安利，汽车有通用、福特、特斯拉，手机类有苹果，快餐类有麦当劳、肯德基、星巴克、必胜客，化工类有宝洁、家乐氏、强生、舒洁、雅芳、高露洁，这些都是高附加值行业，都是依靠长期的质量稳定打造的知名品牌。

我国不少产品已经成为国际大品牌，华为、大疆、海尔、格力、徐工等，但毕竟还是少数。许多产品因为档次低，在国际竞争中吃品牌亏、价格亏。前些年，我国出口七亿双鞋才能换一架空客飞机。因为没有品牌，一个芭比娃娃在美国市场大约卖10美元，由我国企业加工、制造、出口，最后只挣35美分……

再看看手机市场品牌和利润。2011年我国手机出口8.8亿部，占全球出口量的80%，但利润只有1%。但是经过10年艰苦努力、技术创新和质量变革，我国手机质量水平大幅提升、品牌效应逐步体现。近年来，华为、小米不仅成为国内的品牌，也成为畅销世界的品牌。据统计，2020年国内手机销量最高的是华为，市场占有率高达38.4%，在其后是苹果、vivo、OPPO、小米。2020年，我国手机品牌出口，小米排第一、华为第二。2020年全球手机销量的座次是三星、苹果、小米、OPPO、vivo。小米这几年海外市场表现出色，正在逐渐逼近苹果。小米集团质量委员会副主席李涛先生说，小米近年来加强产品的质量管控，实施"双品牌策略"，坚持做感动人心的好产品，实现"高端产品大众化、大众产品品质化"，促进了小米手机的质量水平提升、用户黏性提升、品牌形象提升。有统计表明，2021年、2022年，小米一直排在全球前三。从全球来看，小米、OPPO、VIVO这三家已进入全球前五，而华为、荣耀、联想进入全球前十。

党的十八大以来，党中央高度重视品牌建设。党的十八大报告提出，要培育形成以技术、品牌、质量、服务为核心的出口竞争新优势。2014年5月10日，习近平总书记在河南考察时提出："推动中国制造向中国创造转变、中国速度向中国质量转变、中国产品向中国品牌转变。"这就要求要把产品生产和品牌建设紧密结合起来，把中国制造业从中低端推向中高端。

习近平总书记多次强调品牌建设，强调"强化品牌意识""推进标准化、品牌化""促进农牧业产业化、品牌化""把大同黄花做成全国知名品牌""粮食也要打出品牌"等。2020年7月23日，习近平总书记在吉林考察时强调，推动我国汽车制造业高质量发展，必须加强关键核心技术和关键零部件的自主研发，实现技术自立自强，做强做大民族品牌。这些重要论述，极大地提高了人们对品牌建设重要性的认识，对我国提升质量水平、打造品牌大国，发挥着重要的指导作用。

国务院办公厅《关于发挥品牌引领作用　推动供需结构升级的意见》(国发布〔2016〕44号)，提出从2017年起，把5月10日设立为"中国品牌日"，推进品牌大国建设，培育大量国内自主品牌，推进供给侧结构性改革和需求机构的升级，引导外溢性消费回流国内市场。品牌日的设立，是我国品牌建设史上具有里程碑意义的事。我国处于由制造大国向制造强国转变的重要阶段，要将中国速度转变为中国质量，消化行业产能过剩，必须同时提高产品质量水平，形成自主品牌。

通过品牌日的设立，在全社会形成品牌建设的共识，解决我国国际知名品牌少、品牌影响力差、品牌话语权少、品牌价值低、品牌形象弱等问题。同时，可以适应品牌消费的新趋势，生产出适应个性化、多样化、高端化、体验式消费的新产品，引领内需、刺激发展。

品牌创建出现了新的规律和要求。互联网时代，社交媒体呈现出爆炸式发展，移动优先、视频优先，让品牌的产生、传播、发展，呈现出新的特点和规律，新媒体成为品牌培育的主要平台。品牌培育过程中需要尊崇新闻传播、文化培育、理念创新、精细设计、日常维护等传播学要求和文化建设的专业化团队、专业化运作等。

推进品牌建设需要贯彻新发展理念。深入贯彻落实创新、协调、绿色、开放、共享五大发展理念，是品牌建设的必然要求。推动供给侧结构性改革，加快经济发展方式由外延扩张型向内涵集约型转变、由规模速度型向质量效率型转变，品牌建设是一个重要的抓手。

品牌是一种无形资产，品牌维护是各大企业不惜重金的重点工作。市场竞争愈激烈，企业愈重视利用产品质量优势来增强品牌优势。在个性化消费的新时代，如何争取更多的顾客、更多品牌溢价，是质量竞争、品牌竞争的新趋势。青岛啤酒在全国有60多家生产基地，通过关键工艺和技术标准的统一实施，实现了产品口味一致性控制，保证青岛啤酒的口感不变、质量不变，同时积极探索个性化订制、适应个性化需求，更好地维护品牌形象。

质量与品牌，是一荣俱荣、一损俱损的共生关系。企业的产品为了占领市场、实现利润，必须提升质量的适用性和符合性，长此以往逐渐形成品牌。反之，品牌差，往往质量不尽如人意，引发消费者的不满。在充分竞争的市场环境中，产品同质化、功能相似化、质量不相上下，是品牌建设的困境。因此，产品质量的适用性和符合性，消费者对产品的接受度和忠诚度，品牌的声誉度和美誉度，相辅相成，辩证统一，密切相关，形成正向循环或负向循环关系。高品质是大品牌的基础，高技术含量带来高经济价值，高价值服务培育高顾客忠诚度和黏度，大品牌企业具有高行业领导力、竞争力。

五、质量与文化

质量与文化是密切相关的两个概念。质量文化是指人们在长期的质量实践活动中形成的技术知识、管理理念、行为方式、法律法规、规定规范和道德素养等因素的总和。质量文化带有明显工业文明的特征，受到地域特征和民族特征的广泛影响，和文化、教育等领域密切相关。

在我国，质量文化建设取得了很大进步。《质量发展纲要（2011—2020年）》专门提出具体建设要求："加强质量文化建设。牢固树立质量是企业生命的理念，实施以质取胜的经营战略。将诚实守信、持续改进、创新发展、追求卓越的质量精神转化为社会、广大企业及企业员工的行为准则，自觉抵制违法生产经营行为。推进社会主义先进质量文化建设，提升全民质量意识，倡导科学理性、优质安全、节能环保的消费理念，努力形成政府重视质量、企业追求质量、社会崇尚质量、人人关心质量的良好氛围，提升质量文化软实力。"

习近平总书记高度重视质量文化建设。针对我国质量文化建设中的重要问题——工匠精神，多次进行论述和强调，为加强质量文化建设指明了方向和重点。

习近平总书记在《在知识分子、劳动模范、青年代表座谈会上的讲话》（2016年4月26日）中首次明确提出弘扬"工匠精神"。

在党的十九大报告中，习近平总书记强调："建设知识型、技能型、创新型劳动者大军，弘扬劳模精神和工匠精神，营造劳动光荣的社会风尚和精益求精的敬业风气。"明确把工匠精神和敬业风气紧密结合起来，赋予其深邃的文化内涵。

2019年9月25日，习近平总书记在出席北京大兴国际机场投运仪式时的讲话中指出，"大兴国际机场体现了中国人民的雄心壮志和世界眼光、战略眼光，体现了民族精神和现代水平的大国工匠风范"。

2020年11月24日，习近平总书记在全国劳动模范和先进工作者表彰大会上的讲话中指出："在长期实践中，我们培育形

第 ⑦ 章　→ 积极营造建设质量强国的社会环境

成了爱岗敬业、争创一流、艰苦奋斗、勇于创新、淡泊名利、甘于奉献的劳模精神,崇尚劳动、热爱劳动、辛勤劳动、诚实劳动的劳动精神,执着专注、精益求精、一丝不苟、追求卓越的工匠精神。"强调"劳模精神、劳动精神、工匠精神是以爱国主义为核心的民族精神和以改革创新为核心的时代精神的生动体现,是鼓舞全党全国各族人民风雨无阻、勇敢前进的强大精神动力"。

2020年12月10日,习近平总书记在致首届全国职业技能大赛的贺信中指出,"大力弘扬劳模精神、劳动精神、工匠精神,激励更多劳动者特别是青年一代走技能成才、技能报国之路,培养更多高技能人才和大国工匠"。这是首次把劳模精神、劳动精神和工匠精神并列起来加以阐述。

工匠精神的"执着专注、精益求精、一丝不苟、追求卓越"四个层面,构成一个有机整体。执着专注是行为方式、工作方式,精益求精是工作态度、精神状态,一丝不苟是操作指南、工作要求,追求卓越是质量要求、目标导向。这四个层面,阐明了工匠精神的实质,涵盖了质量文化建设的技术知识、管理理念、行为方式、规定规范和道德素养等要素,是质量文化在生产者、劳动者身上的具体体现。深入宣传、广泛弘扬工匠精神,将对我国产品质量整体水平的提高起到极大的促进作用。

随着个性化、多样化、定制化等新消费发展,传统质量技艺大师、现代工艺技师、职业技能高手等工匠、大师成为产品制造的主力军,对于生产具有更高质量溢价能力的新产品、新品种、新品牌至关重要。根据某大学基于世界银行的数据测算,我国职业技能型人才比重提高1倍,能够使我国工业增加值提高10%以上。这是一个很高的数据,可能会成为我国高质量发展的重要原动力之一,这也是习近平总书记强调的"质量变革"的重要力量。

从老百姓日常生活来说,质量代表着一个企业甚至一个行业的文化,代表着一个家庭的生活水准;从社会层面来说,质量是社会生产力水平的具体体现,是劳动力素质和生产管理的直接体现;对国家来说,质量承载着国家的形象、民族的形象。事实上,改革开放以后,我们得以最早认识世界发达国家的文化和文明,一类是源于影视作品,一类是源于工业产品。对于20世纪80年代的中国消费者来说,日本产洗衣机、电冰箱、电视和汽车,让我们认识到日本现代社会的文明程度。同样,近年来中国在世界上的形象,也与我国高铁、核电、家电、大型成套设备等产品质量相关。特别是新冠肺炎疫情发生后,中国强大的口罩、防护服和医疗器械生产能力、稳定的质量水平,也让世界刮目相看。

同样,日本的产品质量也代表着日本的民族整体形象、精耕细作的工业文明。日本与美国自20世纪80年代开始在汽车、机械、家电等行业进行激烈的质量竞争,日本的丰田、精工、东芝等许多知名大企业由此产生,其产品甚至流行全球。日本的家用汽车、摩托车在东南亚仍然是销售的霸主。日本在制造业快速崛起,质量水平甚至超越美国。美国的著名质量管理专家戴明说,美国在质量竞争中输给日本,是由于美国的不良管理风格所形成的劣质企业文化所致。

质量管理专家费根堡姆说:"质量需要个人和团队的狂热追求。"质量专家朱兰说:"企业的最高阶层以质量为理念是无比重要的。"从根本上讲，质量是生产出来的。质量的高低，源于生产过程的质量控制。生产过程的质量控制是由生产者来实现、操作的。无论是手工生产、机械化大生产，还是自动化生产、无人生产，背后的设计者、操控者、管理者，都是具有充分主观能动性的人。这种主观能动性中的目标理念、主观愿望、敬业状态，决定着产品的可靠性高低、性能的优劣、竞争力的强弱。

我们再来审视工匠精神的内涵，这种精神实质上是质量文化，说到质量文化的核心，可以从以下几个方面来分析。

从政府层面讲，这是一个立意高远、带有全局性的论述。习近平总书记反复强调、论述工匠精神，好像是"大报告"说"小事情"，实质上是微言大义、高瞻远瞩。这充分说明了质量文化、质量理念，已成为当前经济发展的重要战略性问题，质量提升已成为供给侧结构性改革的主攻方向，质量发展已成为新常态下我国经济发展的新动力。目前，中国制造有220多种产品产量位居世界第一，但质量水平普遍不高，许多产品处在产业链的中低端，像海尔、华为、小米等海外知名企业并不多，高铁、核电等高端产品的"名片"屈指可数。更因为国内产品质量的缘故，使我们的内需外溢，出现了出境旅游者大量采购奶粉、电饭煲、马桶盖、服装、鞋帽的现象。提倡工匠精神，打造国内精品，刺激内需，是国家层面提升质量水平的努力方向和号召。

从质量文化层面讲，这是一个关系质量本质、带有战略性的论断。这几句话，从产品质量追溯到工匠，从工匠文化说到品牌，归结到推动中国经济进入高质量时代，逻辑自现，细细品来，意味深长。始于2008年的世界金融危机，并没有对德国经济造成损失，原因就在于德国有世界上一流企业2300多家，出口业素以产品质量高享誉世界，自1952年以来长期保持贸易顺差，被誉为"出口冠军"。以汽车、机械产品、化学品、通信技术、供配电设备、医学及化学设备为主打的出口产品，助推德国2021年出口再创新高，达1.3755万亿欧元，比新冠肺炎疫情前的2019年增长3.6%。我国近年来机电产品、传统劳动密集型产品仍为出口主力，有的产品出口依然是以低端产品为主、以贴牌生产为主。2021年，日、德仍是我国电机产品主要进口来源地，占我国电机产品进口总额的43.4%，说明我国的电机产品对外依存度较大。

如何实现从产品到品牌、从制造到创造的革命性飞跃，不断消除"质量洼地"，助推经济转型升级，是一个战略性任务，也是一个长期奋斗目标。

从文化建设层面讲，这是一个关于质量文化精髓、带有民族性特征的论述。质量是一种文化，各国的产品体现了不同民族的特点特征。产品质量表征着生产者的理念、消费者的习惯，与语言文字、思维方式、民风民俗甚至人生观、世界观、价值观都有关联。而品牌是质量和信誉的载体，是市场和消费者自主选择的结果。特别是从对外贸易来说，产品交易意味着文化交流。对海外用户来说，接触中国制造的产品，就像接触中国人；用中国产品，就像是与中国人打交道。改革开放之初，我们是从日立、东芝等电器，丰田、本田等汽车，了解到日本人的敬业、创新等精神；从西门子电器、奔驰汽车、双立人刀具等，了解到德国人的认真、执着、一丝不苟等品质。中国的质量文化源远流长，童叟无欺、精益求精演变为成语。新形势下，加强质量文化建设，就是要把中华民族的优良品质、敬业精神、

第 ⑦ 章　　　　　　　　　　　→ 积极营造建设质量强国的社会环境

＊近年来，我国顺应汽车产业变革趋势，在电池、电机、电控等核心关键领域实现了一些突破，整车的正向研发体系基本形成。图为某汽车博览会（王嘉摄）

诚信态度、严谨要求、细致作风，融入一个个具体产品之中，凝聚成一批响当当的品牌，成为中华民族新的象征。

　　从生产管理层面讲，这是一个关系生产者自省自律、带有内生性要求的论述。人们说"质量之魂，存于匠心"，就是工匠自己的内心要求和行为规范，是精益求精的态度、一丝不苟的行为规范的具体体现。我国一位著名质量专家曾经说过，我国质量水平不高的重要原因，是有的生产者不认真。同一生产线同一批产品，有的优质，有的残次，可能就涉及生产者的心理状态、严谨态度、自律精神、细致作风。瑞士钟表闻名天下，众口一词说好、可信赖。实际上，瑞士钟表的生产者许多是家庭手工作坊，严格自律、自我严格要求，爱惜瑞士表的名声，已经成为瑞士钟表生产者的内心自觉，不赶时间、不减工序、不降成本，成为他

193

们的生产习惯。中国航天创造了飞天奇迹，他们质量文化的核心是"小题大做"、不断挑战极限、追求"零缺陷"。这些都是匠心的素养、境界、自觉。因此，素质提升是一项十分艰巨的任务，我国生产者要普遍达到这些要求，是一个长期的过程。可以说，推动中国经济进入质量时代，一大批大国工匠的涌现是标志；中国经济要长期可持续增长，一大批大国工匠追求匠心独运的精神是可靠保障；要实现"两个一百年"奋斗目标，实现中华民族伟大复兴的中国梦，培养一大批大国工匠是必由之路。

六、质量与安全

质量与安全，是紧密相关的一对范畴。质量不过关，很容易导致质量安全事件，对广大消费者的生命健康安全，对社会生产和生活带来广泛的不良影响。

2016年4月19日，习近平总书记在网络安全和信息化工作座谈会上的讲话中提出，要"正确处理安全和发展的关系"，"安全是发展的前提，发展是安全的保障，安全和发展要同步推进"。尽管是针对网络安全讲的，但对质量安全来说也完全适用。

质量安全问题是一个全球性的问题。日本、德国、美国等一些发达国家都发生过严重的质量安全事件。2001年2月，日本三菱帕杰罗（V31、V33）越野车存在严重质量隐患，被我国政府部门吊销其进口商品安全质量许可证，3天后三菱宣布召回，成为国内汽车缺陷召回第一案。2010年8月，美国全国范围内暴发沙门氏菌疫情，爱荷华州的两大鸡蛋厂召回5亿枚问题鸡蛋。2006年,美国威斯康星州发生"带菌菠菜事件",大肠杆菌使26个州200余人感染生病。2013年1月,英国发现牛肉制品混入马肉,58%的消费者表示不再购买肉制品;2月,欧盟委员会在布鲁塞尔召开紧急部长会议,专题商讨"马肉风波",最后查明是不法商人所为(马肉价格为牛肉的三分之一)。2015年9月,美国环境保护署指控大众汽车所售部分柴油车安装秘密软件应付检查,汽车尾气排放达美国法定标准40倍,2018年6月德国检方对大众公司罚款10亿欧元。近期,最大的质量安全事件是美国的波音737MAX飞机先后两次失事(2018年10月和2019年3月),造成346人遇难,原因是设计缺陷和软件问题,至今全球复飞遥遥无期。

对我国来说,质量安全问题是经济高度发展过程中需要警惕的突出问题,是我国产品数量急剧扩张与质量安全提升相对滞后的矛盾体现。时间回到10来年前的2011年4月17日,当时的国务院主要领导同志,在同国务院参事和中央文史研究馆馆员座谈时说:近年来相继发生"毒奶粉""瘦肉精""地沟油""彩色馒头"等事件,这些恶性的食品安全事件足以表明,诚信的缺失、道德的滑坡已经到了何等严重的地步。一个国家,如果没有国民素质的提高和道德的力量,绝不可能成为一个真正强大的国家、一个受人尊敬的国家。2012年,我国还发生过问题胶囊事件、西安地铁"问题电缆"、问题疫苗案件等质量安全事件,都是不法商人、生产者逐利枉法、违反国家质量管理规范的严重违规违法重大案件,情节严重,性质恶劣,造成严重不良影响。

食品安全,这是一个全社会关注的重大问题。对人民群众来说，食品安全涉及消费者的生命健康安全，是"底线"所在。对企业来说，是企业的生命所在、社会责任所在，是"高压线"所在；对社会来说，是经济发展的堵点、难点所在，是社会和谐的风险点，是发展的"红线"所在。

"民以食为天"，随着我国进入全面小康社会的新阶段，人民群众生活水平、生活质量不断提高，对食品供给、食品消费、食品安全提出了三个新要求：第一是从"吃得饱"向"吃得好"的转变，要求品种多、口味好；第二是从"吃得担心"向"吃得放心"转变，要求食品无害、绿色、环保，可放心食用；第三是从"吃得舒心"向"吃得健康"转变，要求营养健全、有益健康。

近年来，我国零星的食品质量安全事件还时有发生。食品安全风险防范仍然是一个长期而艰巨的任务。在农兽药残留控制、食品生产加工、储存运输、餐饮消费等环节都需要加强管理、加强监管。应该说，当前食品质量安全还不能完全满足人民群众的新需求、新期待，食品质量安全方面发展不平衡、不充分的问题还比较突出。不平衡，具体体现为食品品种增长快、供给量增长快，质量提升相对慢；不充分，具体体现为食品质量安全保障能力不高。

习近平总书记高度重视产品质量安全、食品和农产品质量安全工作，多次要求加强监管，保证人民群众吃得放心，用得安心。2017年1月3日，习近平总书记对食品安全工作作出重要指示指出，民以食为天，加强食品安全工作，关系我国13亿多人的身体健康和生命安全，必须抓得紧而又紧。

这些年，党和政府下了很大气力抓食品安全，食品安全形势不断好转，但存在的问题仍然不少，必须再接再厉，把工作做细做实，确保人民群众"舌尖上的安全"。

习近平总书记强调，各级党委和政府及有关部门要全面做好食品安全工作，坚持最严谨的标准、最严格的监管、最严厉的处罚、最严肃的问责，增强食品安全监管统一性和专业性，切实提高食品安全监管水平和能力。要加强食品安全依法治理，加强基层基础工作，建设职业化检查员队伍，提高餐饮业质量安全水平，加强从"农田到餐桌"全过程食品安全工作，严防、严管、严控食品安全风险，保证广大人民群众吃得放心、安心。

习近平总书记关于食品安全"四个最严"的重要论述，深刻回答了如何认识食品安全、如何抓好食品安全等重大理论和实践问题。"四个最严"中的规律性认识、工作要求、努力方

* 都匀毛尖种植标准化。贵州省黔南布依族苗族自治州（李刚摄）

向，同样适用于更为广泛意义上的质量安全工作，为我们抓好质量安全工作提供了遵循、指明了方向。

这些年来，国家高度重视质量安全监管，监管部门认真落实中央精神，坚持以人民为中心，深刻吸取教训、举一反三，重典治乱、去疴除弊，加快完善质量安全监管长效机制。广大企业重视质量安全理念，严格按标准组织生产。司法部门依法加大对恶性质量安全事件的惩处力度，恶性质量安全事件急剧下降、一般性质量安全事件数量整体上呈下降趋势，人民群众对质量安全的期望值、满意度不断提高。

国泰民安是人民群众最基本、最普遍的愿望。党的十九届六中全会指出："进入新时代，我国面临更为严峻的国家安全形势，外部压力前所未有，传统安全威胁和非传统安全威胁相互交织，'黑天鹅''灰犀牛'事件时有发生。"需要说明的是，对我国来说，质量安全是面临的非传统安全问题的重要因素之一，是我国建设质量强国的重要内容。

维护质量安全，构建质量安全社会共治、共享的新格局，仍然任重道远。当前和今后一个时期，维护质量安全仍然需要在以下几个方面努力：一是强化企业主体责任。质量是企业的生命。提高质量，主体在企业；质量出问题，根子也在企业。引导企业树立主体意识，把质量安全始终作为"高压线"。推广先进质量安全管理技术和方法，全面推广质量安全首负责任制，推动企业切实履行质量担保责任及缺陷产品召回等法定义务，履行社会责任。二是创新政府质量监管。改进监督方式，创新监督方法，增强监督的针对性和有效性，提升政府部门的质量安全治理能力。实施质量安全风险管理，充分运用"大数据""云平台"等开展智慧监管,加强对重点产品的监督抽查和伤害监测。三是加快质量法治建设。重点开展质量促进法、消费品安全法的立法研究,完善质量安全和质量责任追究等法律法规,依法治理质量安全问题。四是推进质量诚信体系建设。实施质量信用分类管理,提高企业失信成本,积极探索信用名单、等级、分值评价等手段。五是依法严厉打击质量违法行为。严肃查办制假售假大案要案,打破市场垄断和地方保护,营造公平竞争的市场环境,防止"劣币驱逐良币"。六是推动质量社会共治。质量涉及各行各业,影响方方面面,可以说无处不在、无时不有。维护质量安全需要集中各方面智慧、凝聚最广泛力量。广泛发动消费者,建立健全质量安全有奖举报、惩罚性赔偿等制度,引导消费者科学理性消费。广泛发动社会力量,鼓励和支持商会、协会、中介组织等加强监督,引导行业诚信自律。广泛发动新闻媒体开展舆论监督,既要坚决曝光企业重大质量违法行为,更要宣传优质产品、优秀企业,大力营造"人人重视质量、人人创造质量、人人享受质量"的浓厚氛围。

七、质量与国际合作

习近平总书记多次指出,中国质量发展需要与国际合作。2014年3月28日,在对德国进行国事访问之际,国家主席习近平在德国《法兰克福汇报》发表题为《中德携手合作造福中欧和世界》的署名文章,特别指出:"中国市场和德国技术的结合,无疑将极大促进中欧经济社会发展,给普通百姓生活带来诸多实惠。中国速度和德国质量的联手,将为中欧乃至世界经济创造巨大增长空间。"

我国质量发展与国际合作是密切相关的,加大对外开放,加强国际合作,是建设质量强国的必由之路。

10年前,我国就有220多种产品产量居世界第一。但整体上,我国仍是一个制造大国,而非制造强国;仍是一个质量大国,而不是一个质量强国。

从低端产品来看,我国许多产品的产量居世界第一,但多数是劳动密集型、来料加工型、零部件组装型,出口贸易换来的利润只是皮毛,大头都被跨国公司拿走,而且许多产品还是使用国外的品牌。10多年前,出口7亿双鞋才能换回一架波音客机的消息,曾经是媒体报道的热点。

从中端产品来看,我国生产的家电、皮革、家具、羽绒制品、自行车等产品国际市场占有率已超过50%,大型家电产品的环保节能指标和总体质量水平也已接近或达到了国际先进水平,但关键技术还掌握在跨国投资商手中。

从高科技产品来看,我国高技术产业快速发展,总产值居世界第一,产业增加值规模已位居世界第二。但企业研发平均投入不足国外知名企业的1/4,企业创新能力较弱,核心器件和高端组件依赖进口,许多产品的更新换代还是依靠国外先进技术的引领。

中国离质量强国的梦想还很远,中华民族伟大复兴的中国梦正在急切呼唤质量强国梦的早日实现。

早在2004年,国内就有专家说,有的国家和地区出现了"中国科技威胁论"的声音。由于中国经济的快速增长,许多西方国家纷纷抛出所谓"经济威胁论""军事威胁论"等论调。2007年出现的针对中国的产品质量政治化、妖魔化,实质上是这股论调的一个新表现,有的国家不愿意看到一个强大中国的出现。事实上,妖魔化中国低成本产品,把个别产品质量问题扩大化,实质上就是在宣传一种"中国制造威胁论",是"中国威胁论"的一种变种,今后很长一段时间内仍将在西方国家很有市场。最近,有的大国强国对我国进行全方位的打压,包括进行质量打压,目的就是不希望看到一个崭新的质量强国出现在东方。

中国已经成为世界第二大经济体,是名副其实的制造大国,但还不是制造强国;220多种产品产量居世界第一,是产品大国,但还不是质量强国。面对改革红利、人口红利和全球化红利逐渐减弱的趋势,习近平总书记指出,"要使我国经济发展提高质量、增加效益、增强后劲,要使我国形成经济全球化条件下参与国际经济合作竞争新优势"。这里把"提高质量"放在第一,凸显了提高质量对转型发展的重要性。提高产品质量,可以释放质量红利、提升质量竞争力、创造质量优势,成为经济发展的内生动力,促进生产率的提高,成功跨越"中等收入陷阱"。中国开放的大门要继续敞开。建设质量强国需要扩大进口,需要与世界各国广泛开展质量合作,包括标准、计量、认证认可、检验检测、合格评定等。只有这样,我国的质量强国建设才能行稳致远,一直保持在世界质量发展的第一方阵,并始终保持中国质量发展的特色,引领中国的高质量发展。

2021年9月16日,国家主席习近平向中国质量(杭州)

大会致贺信,指出:质量是人类生产生活的重要保障。人类社会发展历程中,每一次质量领域变革创新都促进了生产技术进步、增进了人民生活品质。中国愿同世界各国一道,加强质量国际合作,共同促进质量变革创新、推进质量基础设施互联互通,为推动全球经济发展、创造人类美好未来作出贡献。

第 8 章

强国战略的全球视野

中国愿同世界各国一道,加强质量国际合作,共同促进质量变革创新、推进质量基础设施互联互通,为推动全球经济发展、创造人类美好未来作出贡献。

——国家主席习近平向中国质量(杭州)大会致贺信指出(2021年9月16日)

第 ⑧ 章 → 强国战略的全球视野

近年来,经济全球化遭遇逆流,但经济全球化和区域一体化仍是大势所趋。在全球视野下,我们所面临的质量竞争不仅是本国的质量竞争,而且是全球化的质量竞争,不仅要补齐快速发展缺下的课,而且要在第四次工业革命中努力占领质量制高点。这需要我国在质量发展中加大科技成分,弘扬质量文化,创新质量管理理论。

一、全球化时代的经济挑战:和平占领市场的有力手段

美国著名质量管理专家朱兰博士曾预言:"20世纪是生产率的世纪;21世纪是质量的世纪,质量是和平占领市场的最有效的武器。"2016年底,中央经济工作会议明确提出:"供给侧结构性改革,最终目的是满足需求,主攻方向是提高供给质量,根本途径是深化改革。""提升供给体系的中心任务是全面提高产品和服务质量。"当前,我国供给的矛盾不是量上不够,而是质上不足。只有加大有效供给,增加优质供给,才能激发内需、吸引外需,占领国内和国际两个市场。

(一)优质的国内供给才能适应需求

供给和需求是微观经济学最基本的两个概念,供求均衡是一种动态平衡。当国内消费水平提高、消费结构升级,需要更高的供给能力与之相适应,而质量水平是供给能力的重要指标。

消费能力持续增长。经过改革开放40多年发展,我国已经成为世界第二大经济体,2020年人均GDP达到1.05万美元。近年来,我国采取一系列增加国民收入的措施,2021年上半

年，全国居民人均可支配收入17642元，比上年同期名义增长12.6%，扣除价格因素，实际增长12.0%。随着我国人民群众收入水平持续上升，中等收入人群不断扩大，整体消费能力持续提高。

需求结构加快升级。按照国际经验，人均GDP在8000美元左右时，消费结构将从生存型消费向发展型消费升级。2012年我国消费对经济增长的贡献率首次超过50%，2021年上半年达到61.7%，居民消费已经成为推动经济发展的最大动力。而发达国家消费对经济增长的贡献率超过80%，中等收入国家将近70%。我国消费者需求结构已经发生很大变化，人们不再满足于低端产品，尤其是中等以上收入人群对高质量的生活充满期待。而面向低收入群体的供应体系，没有及时跟上中等收入群体的消费结构变化。

质量供给日益迫切。21世纪以来，我国质量取得了长足进步，但总体质量环境依然有待改善。一方面，假冒伪劣屡禁不止，安全底线屡被突破，人们尚缺乏足够的消费安全感。近几年市场监管总局组织开展的产品质量国家监督抽查，不合格率依然高达4%左右。另一方面，优质产品尤其知名品牌涌现乏力，消费引导力明显不足。2020年世界500强中国大陆（含香港）公司数量达到124家，历史上第一次超过美国（121家），而入围世界品牌500强的仅有43家。总体上，我国发展依然以量取胜，而非以质取胜。人们日益增长的消费能力与质量供给不足之间的矛盾突出，制约着我国经济社会发展，影响着社会和谐稳定。质量成为提升供给力和理顺供需关系的关键，激发人们消费信心，必须发展质量。

（二）优质的出口供给才能稳定外贸

外贸是稳增长、保就业的重要支撑，是促转型、调结构的重要依托，事关我国发展全局。我国外贸发展正面临瓶颈问题，出口数量增加余地越来越小，唯有加大优质出口供给才是出路。

中国出口已近饱和。中国已经成为世界第一大贸易国，2020年中国全球出口比重提升至接近15%，遥遥领先于排名第二的美国，这得益于中国抗击疫情后经济率先复苏。2021年我国货物进出口总值为39.1万亿元人民币，比2020年增长21.4%，首次突破6万亿美元关口，达到了历史高点，占全球贸易份额的13.5%。20世纪80年代以来，日本、德国和美国出口分别在1986年、1990年和1998年达到峰值，占全球份额分别为9.85%、12.07%和12.4%。面对我国出口增速放缓的形势，一个基本的问题在于，世界还能否继续接纳来自中国的大量产品？巨大的贸易逆差给其他国家的产品造成一定的冲击力，我国成为世界上遭受反倾销调查最多的国家。有专家估计，我国每年因技术性贸易措施影响的出口，占总出口额的2%左右。

国际竞争实力堪忧。我国外贸高歌猛进既依托政策鼓励和体制机制创新，又得益于廉价劳动力。近年来，我国劳动力成本不断上升，对环境资源越来越重视，低成本优势已难以为继，低价格竞争陷入赚吃喝不赚钱的困境。2008年金融危机之后，国际产业分工悄然变化，产业转移出现高端制造业向欧美回流，低端产业向东南亚和印度迁移的趋势。近年来，我国对东盟特别是越南的贸易大幅度上升，就说明了这一点。同时，随着全球经济逐步复苏，世界消费能力提高，对品质提出更高要求。而我国外贸大而不强的局面并没有明显改观，产业国际竞争力依然偏弱，产品质量水平提升缓慢。2020年，我国出口消费品遭欧盟通报共1179起，占同期欧盟通报消费品总数的50.26%，其中，欧盟非食品类危险产品快速预警系统通报1097起。加上世界贸易保护主义抬头，进一步加剧贸易摩擦。

优进优出维持平衡。国际货币基金组织经济学家德尼兹·伊甘在研究国际竞争力的决定因素时，发现出口产品质量和技术密集度的提高和出口结构提升以及市场份额上升紧密联系，产品质量越好，越能从国际市场上受益。我国出口在稳定数量基础上，应优化产品结构，加快从中低端制造业向中高端制造业迈进，加快从劳动密集型向技术密集型转变，不断提升产品质量，提高出口附加值。《中共中央关于制定国民经济和社会发展第十四个五年规划和二〇三五年远景目标的建议》提出："优化国内国际市场布局、商品结构、贸易方式，提升出口质量，增加优质产品进口，实施贸易投资融合工程，构建现代物流体系。"只有提质增效升级，提供优质的出口供给，才能不断适应世界外贸新形势，再度形成我国外贸新优势，提高我国产业在全球价值链中的地位，才能维护进出口平衡，减少贸易摩擦。

（三）理想的有效供给源于质量优秀

价格是影响消费的重要因素，但不是唯一因素。我们讨论过所谓"价廉物美"，实际上做到有困难。供给的理想状态为优质优价。如果说供求双方一直在价格上进行博弈，那么在质量上更容易达成共识。

低成本并非一低就灵。40多年来我国企业一直努力在价格竞争上取得优势，价格战曾在多领域造成腥风血雨的场面。有人认为通过减少税负，降低生产成本和供给价格，能够刺激消费，拉动需求。一个不争的事实是，随着我国人口红利减少、劳动力成本和资源成本上升，企业利润空间进一步压缩。恶性的价格竞争，将造成逆淘汰；良性的质量竞争，才能让供给者和消费者互利。培育新供给，要纠正价格战的惯性思维，防止企业借成本降低，形成新一轮恶性竞争，无心无力提升竞争力和质量。

提高性价比方为出路。新供给不是低价劣质的供给，而是满足新需求的高性价比供给。培育新供给，一方面，政府需要尽可能运用减少税负、降低融资成本和行政成本等手段，放松供给约束，为经济发展和企业成长赢得上升空间；另一方面，需要通过制度设计，加快结构调整，重点解决"如何生产好"的问题，促进资源向高端产品流动，引导经济进入供给、就业、需求、创新互相促进、不断优化的良性循环，避免"供给老化"。减税让利不能"一刀切"，要利用税收手段引导质量发展，淘汰落后产能，防范过剩恶化。通过对创新、优质、品牌进行合理减税，激发供应者生产优质产品的积极性，将成本降低转化成质量竞争优势，而不是仅仅停留在低价优势上。通过一降（成本）一升（质量），实现供求双方共赢共享，让经济发展处于"供给自动创造需求"的理想运行轨道上。

二、科技革命的产物：质量是核心竞争力

生产力是质量发展的第一要素，质量又是检验生产力水平

的一个重要指标。科技是第一生产力，与质量的关联度更为紧密，是质量发展的重要基础，科技发展始终是质量变革的最大动力。

（一）实施质量攻关工程，破除质量提升瓶颈

2017年9月，《中共中央 国务院关于开展质量提升行动的指导意见》颁布实施，提出"实施质量攻关工程"，除实施国防科技工业质量可靠性专项行动计划之外，质量攻关起码包含三大工程：

一是重点攻关工程。聚焦一些重点产业、重点领域，围绕重点产品、重点行业开展质量状况调查，采用政府扶持和市场引用相结合的办法，组织质量比对和会商会诊，找准比较优势、行业通病和质量短板，研究制定质量问题解决方案。制订发布装备制造业、消费品质量提升规划，在汽车、机床、航空航天、船舶、轨道交通、发电设备、工程机械、特种设备、家用电器、元器件和基础件等重点行业实施可靠性提升工程，在智能马桶、电饭煲、空气净化器、智能手机等重点消费品领域集中力量抓质量攻关。加强产品可靠性设计、试验及生产过程质量控制，依靠技术进步、管理创新和标准完善，提升可靠性水平，促进我国产品质量由符合性向适用性、高可靠性转型。

二是质量比对工程。瞄准实体经济、瞄准拉动内需、瞄准高质量供给、瞄准老百姓日常消费品，着力建立国家、省、市、县四级质量分析工作体系，围绕质量竞争力、服务业质量、产品伤害监测、企业质量管理开展统计分析。比照国际国内先进水平，在农业、工业、建筑业和服务业等行业，分类分层次广

> 第 ⑧ 章　→ 强国战略的全球视野

* 制造业是实体经济的核心,是质量水平的集中体现。图为某现代化大型设备正在进行现场检测(王嘉摄)

泛开展质量对比提升活动,在重点行业和支柱产业,开展竞争性绩效对比。在产业链和区域范围内,开展重点企业和产品的过程质量和管理绩效对比,支持企业瞄准先进标杆实施技术改造。制定质量对比提升工作制度,建立科学评价方法,完善质量对标分析数据库,为制定发展战略、明确发展目标提供质量改进的参考和依据。开展重点行业工艺优化行动,组织质量提升关键技术攻关,推动企业积极应用新技术、新工艺、新材料。加强可靠性设计、试验与验证技术开发应用,推广采用先进成型方法和加工方法、在线检测控制装置、智能化生产和物流系统及检测设备。

三是质量综合性工程。建立质量提升服务平台,完善对中小企业信息咨询、技术支持等公共服务和社会服务体系,实现质量提升和赶超，为整个国家质量升级提供基础支撑服务。在推进质量工程过程中，坚持大质量理念，推广先进技术手段和现代质量管理理念方法，广泛开展质量改进、质量攻关、质量比对、质量风险分析、质量成本控制、质量管理小组等活动，促进质量发展定位的变革。坚持质量效益发展，积极应用减量化、资源化、再循环、再利用、再制造等绿色环保技术，大力发展低碳、清洁、高效的生产经营模式，促进质量提升目标指向的变革。坚持开放理念，谋求集成效益，探索质量基础建设的变革；以实施工程为载体，探索质量提升推进思路的变革。

（二）瞄准科技发展前沿，推动质量突破

"工业4.0"将促使质量内涵和外延发生深刻变化，推动质量管理理念和质量管理方法发生变革，推动质量发展到更高水平。其中，新技术、新材料、新工艺对质量直接产生影响。

一是新技术。当今世界正处于新一轮科技革命的孕育期，以大数据、人工智能、云计算、区块链为代表的新一代信息技术蓬勃发展。推动云计算等新一代信息技术与质量管理和技术融合，推进数字孪生技术应用，将有助于质量跨越式发展。建立质量信息数据库、全流程质量能力与产品大数据相结合的动态质量分级评价体系，开发在线检测、过程控制、质量追溯等质量控制工具，建立以数字化、网络化、智能化为基础的质量管控体系，使质量管理更加精准、更加自如。

二是新材料。材料是产品质量、建筑质量的重要基础，半导体材料、磁性材料、光敏材料、热敏材料等新材料的发展推

动着质量发展。当今世界新材料发展日新月异，新材料龙头企业主要集中在美国、欧洲和日本，2019年我国新材料产业总产值已增长至4.5万亿元。我国仍需进一步加大新材料发展力度，支持企业开展战略性新材料研发、生产和应用示范，强化工程塑料、特种橡胶、新型化工催化剂等化工新材料领域标准研制工作，提高新材料质量，加快钢铁、水泥、平板玻璃等传统产业转型升级，增强自给保障能力，为生产精品提供支撑。

三是新工艺。推广可靠性仿真、质量波动仿真等模型和方法，提升产品质量设计能力，加强可靠性设计、质量预测、失效分析、质量虚拟分析等技术开发应用，提高产品可靠性、稳定性和适用性。加强新工艺开发，推动航空装备、新能源汽车等重点领域产品质量提升，推广清洁高效生产工艺，出清低质量产能。

（三）健全协同创新机制，夯实质量发展基础

构建政产学研用协同创新机制，推动制造业的高质量发展是实施质量强国战略的关键一环。

一是充分发挥制造业创新中心的作用，推动质量创新与推广。我国正在围绕重点行业转型升级和先进制造领域，建设一批国家制造业创新中心。充分发挥这些制造业创新中心的作用，着力打造一个"政产学研用"协同合作的创新生态系统，通过多层次会员制等方式把本行业领域内的各类企业、高校、科研院所、社区学院、非营利组织以及产业协会或联盟吸收为会员，并就新技术甄别、转化与应用，加强学术研讨、共享关键共性技术信息与基础设施，共同进行项目申报与合作，切实发挥创

新生态系统的协同创新的孵化器功能。

二是以共性技术服务平台为载体，加大支持中小企业的质量创新力度。相对于大型企业而言，中小型企业在研发投入上存在劣势。为了促进中小企业加强质量创新，完善中小企业质量创新服务和共性技术服务平台，政府需要发挥引导作用，积极吸收中小企业加入制造业创新中心。发挥产业质量技术基础公共服务平台、中小企业公共服务示范平台等服务平台作用，加大面向中小企业的质量品牌服务供给。

三是组建政产学研用一体化的检验检测认证联盟，推动检验检测认证与产业经济深度融合。充分依托区域型综合检验检测认证公共服务平台和专业型产业检验检测认证公共服务平台，重点提升对食品、农林产品、生物医药、信息安全、智能制造、新能源、碳交易等领域的支撑服务能力，形成以检验检测认证为"连接器"的产业聚合新模式。构建服务军民融合产业发展的通用检验检测认证体系，打造军转民、民参军的能力验证"直通车"。

三、全球化时代的标志：质量文化的软实力

质量文化是指人类在长期生产经营活动中形成的关于质量的精神理念、制度行为和物质形象，伴随着质量管理发展而逐步产生、形成，引导社会提高质量道德、质量意识，约束和规范质量行为，从而提高组织的质量水平。质量文化是历史的沉淀，也是时代发展的反映。进入新世纪，质量文化建设为世界各国所重视，成为21世纪国家和企业迈向成功的基石。

（一）传承传统质量道德观

在中国质量源远流长的发展历史长河中，积淀了丰厚的质量文化，主要表现为以仁爱、诚信、匠心为主要内涵的质量道德观。

仁爱为怀。中国儒家文化以仁爱为核心，将心比心对待每一个人，"己欲立而立人，己欲达而达人"反映到质量上则表现为同理心对待所制造出售的产品。《韩非子》中讲过一则故事，山东省东夷以前制造的陶器粗糙质劣，舜去了以后陶器变得坚固。孔子为此感叹说，舜不是制陶之人，他教百姓的并非手艺，而是以"信""仁"感化民众。制陶人有了"信""仁"之心，才弃"苦窳"如敝，而所制陶器能够经久耐用。吴中孚在《商贾便览·工商切要》开篇就说："习商贾者，其仁、义、礼、智、信，皆当教之焉，则及成自然生财有道矣。"中华民族一直认为造桥修路是行善积德之举，善行恒心必追求高质量，常常不惜倾家荡产集资建造，绝不会敷衍了事。元代刘斌建西安灞陵桥、明代李呈春修福建洛阳桥、清代谢甘棠修江西南石桥等故事都留下千古美名。

诚信为本。诚信是我国儒家思想的重要内涵，诚信文化对保障质量安全产生着深远影响。管子说："非诚贾不得食于贾，非诚工不得食于工，非诚农不得食于农，非信士不得立于朝。"俗话说"小商道做事，中商道做市，大商道做人"。古代出现一些商业用书，从《士商类要》《客商一览醒迷》，到《商贾便览》《生意世事初阶》《杂货便览》，都反复强调公平交易、光明正大、诚实无欺、重恩守信等训诫。历史上留下的童叟无欺的诚信故事比比皆是，至今为人们津津乐道。乐正子春是鲁国辩

* 铜铁摇钱树，东汉时期。1962年陕西省城固县出土（李刚摄）

别铜器的专家，齐国打败鲁国后，索要谗鼎。鲁送了一个赝品，齐说假的，鲁说真的，双方争持不下，请乐正子春鉴定。鲁国君王以为乐正子春是本国人，定会帮自己。不料乐正子春看后问，为何不送真的？鲁王说："我很喜欢这个鼎。"乐正子春回答："我也爱惜信誉！"《北窗炙輠录》记载一则故事：陶禹锡高祖陶四翁开染布店，一天，花四百万钱买下染布用的紫草。不久布商来店进货，看见这些紫草，说是假的，但仍可染布，价钱低点就行。次日，布商再来进货，陶四翁却没有染一匹布，还当面毁掉所有假紫草，并说："宁我误，岂可误他人耶！"

匠心永恒。《考工记》说："百工之事，皆圣人作也。"而老百姓也说"三百六十行，行行出状元"。自古以来，工匠精神就是"中国气质"之一,成为流淌在中华民族中的质量基因。《庄子》里的"庖丁解牛",欧阳修写的《卖油翁》,《核舟记》中的王叔远都诠释了工匠精神的内涵。在历史长河中,中国质量人才不断涌现。"技可近乎道,艺可通乎神。"土木工匠的始祖鲁班、李冰建都江堰、李春造赵州桥、蔡伦发明纸、毕昇发明活字印刷、贾思勰著《齐民要术》、陆羽撰《茶经》、李诫编《营造法式》、沈括撰《梦溪笔谈》等故事流传至今,深刻影响着中国质量文化。

(二)发展现代质量基本观

质量文化并非一成不变,只有在传承优秀历史文化中不断创新,才能适应发展的需要。面向第二个一百年奋斗目标,全社会要逐步形成"质量第一"的价值理念、"质量强国"的目标理念、"以人为本"的道德理念、"全面质量管理"的管理理念。

我国最具中国特色的质量价值理念为"质量第一"。"质量第一"始终是我国一个重大政策,不同时期的党和国家领导人都对此专门作出指示要求。1960年6月14日,毛泽东同志在中央政治局扩大会议上的讲话中指出:"数量不可不讲,质量要放在第一位,要提高质量、规格,增加品种。"1971年12月26日,周恩来同志在航空工业产品质量座谈会上要求:"你们搞生产的,要安全第一、质量第一,要对党、对人民负责,对祖国的荣誉和战士的安危负责。"1975年8月18日,邓小平同志在国务院讨论国家计委起草的《关于加快工业发展的若干问题》时指出:"质量第一是个重大政策。"1990年江泽民同志给中国质量管理协会题词:"质量第一是我国在经济建设方面的一个长期战略方针。"2011年4月30日，胡锦涛同志在考察空客天津总装有限公司时强调："把质量看作生命线，坚持安全至上，做到精益求精。"2017年10月18日，习近平总书记在党的十九大报告中指出："必须坚持质量第一、效益优先，以供给侧结构性改革为主线，推动经济发展质量变革、效率变革、动力变革，提高全要素生产率。"

我国最具时代特点的质量目标理念为"质量强国"，这既是中华民族伟大复兴中国梦的重要组成部分，也是实现路径。我国先后编制和实施了《质量振兴纲要》《质量发展纲要》，有力地推动了我国质量总体水平提升。当今世界，国与国的竞争更加激烈，经济、政治、文化和军事的角力无不蕴含着质量的比拼。习近平总书记深刻指出："切实把推动发展的立足点转到提高质量和效益上来。"只有坚持走以质取胜之路，培育形成以技术、标准、品牌、质量、服务为核心的经济新优势，推动中国制造向中国创造转变、中国速度向中国质量转变、中国产品向中国品牌转变，中国经济才能充满活力，才能具有强大的国际竞争力。

我国最具历史特征的质量道德理念是"以人为本"。质量发展既是经济发展规律的要求，也是"以人民为中心"的执政理念的反映。党的十九大指出："我国社会主要矛盾已经转化为人民日益增长的美好生活需要和不平衡不充分的发展之间的矛盾。"人民对美好生活的向往就包含着对优质的向往，不平衡不充分也包含着质量发展的不平衡不充分。质量由人所创造，产品背后是人品。邓小平同志说过："质量问题反映了一个民族的素质。"质量又最终供人享用，体现了对他人的尊重。所以说，质量道德理念本质上是以追求质量、满足质量需求的人本主义思想。弘扬以人为本的质量道德观，必须倡导鲜明的质量荣辱观，即以制造高质量产品为荣，以生产假冒伪劣产品为耻。守住质量底线，必须首先守住质量道德底线。

我国最具现代特征的质量管理理念是"全面质量管理"。自20世纪初质量管理兴起以来，先后经历了质量检验、统计质量控制、全面质量管理等时期。全面质量管理以顾客满意为追求，以全员参与为基础，以全过程控制为途径，符合质量人本思想。现代成功企业大多围绕全面质量管理思想，建立了一整套质量管理制度和行为规范，有力地推动着质量发展。因此，在推进全面质量管理过程中，不仅需要依靠制度的约束力，更应注重文化的引导力，让全体员工真心实意地接受质量优先的理念，充分调动参与质量管理的积极性和主动性。

（三）弘扬企业家精神

2017年9月25日，《中共中央　国务院关于营造企业家健康成长环境弘扬优秀企业家精神更好发挥企业家作用的意见》公布，这是中央首次以专门文件明确企业家精神的地位和价值。企业家精神理应包括质量文化，并以质量文化为核心，一方面要守住质量安全底线，另一方面要追求质量提升高水平。

企业家质量精神包含严守质量安全底线的主体责任意识。企业最终以产品和服务回馈社会，产品和服务质量是关乎人民生命、财产安全，关乎社会安宁，承载企业家对社会的关心、关爱，是企业家社会责任最主要的载体。换言之，企业家履行社会责任，首先应该担负产品质量主体责任，提供优质产品和服务，维护广大消费者的合法权益，在创造利润的同时，为社会创造财富，促进国家的发展。企业家要守住质量法律底线和道德底线，始终把确保产品质量安全作为一条不可逾越的红线。在我国总体质量水平不断提升、企业质量主体责任意识不断加强的同时，一些企业在质量安全主体责任和履行社会责任能力等方面还存在一定的短板，甚至知法犯法的现象还在一定范围内存在。企业家要树立"质量是生命"的意识，这个生命既是指只有提升质量，企业才能生存，也是指企业要以对生命尊重的态度严守质量安全底线。履行企业质量安全主体责任，需要建立健全企业全员、全过程、全方位质量管理体系、质量安全控制关键岗位责任制，严格实施企业岗位质量规范与质量考核制度，实行质量安全"一票否决"制。

企业家质量精神包含以质取胜的战略思维。《中共中央 国务院关于营造企业家健康成长环境弘扬优秀企业家精神更好发挥企业家作用的意见》指出，建立健全质量激励制度，强化企业家"以质取胜"的战略意识，鼓励企业家专注专长领域，加强企业质量管理，立志于"百年老店"持久经营与传承，把产品和服务做精做细，以工匠精神保证质量、效用和信誉。改革开放以来，一大批优秀企业家在市场竞争中迅速成长，一大批具有核心竞争力的企业不断涌现，比如张瑞敏和海尔、任正非和华为等。同时，一些企业家存在投机取巧心理，短期行为盛行，甚至一些企业不是靠着质量和创新技术去推动社会进步，而是通过不正当手段赚取财富，结果"其兴也勃焉，其亡也忽焉"。欧美大企业平均寿命长达40年，日本大企业平均寿命有58年，而中国大公司的平均寿命是7到9年。美国与日本中小企业的平均寿命分别为8.2年、12.5年,而中国中小企业平均寿命只有2.5年。日本百年企业有25321家,超过200年的企业有3939家,300年以上的有1938家,而500年以上的有147家。人口8000万的德国有2300多个世界品牌,350万个企业中90%是"家族企业",在家族企业百强中平均历史在90年以上。这些"百年老店"的成功有着共同特质——对每件产品、每道工序都凝神聚力、精益求精。西门子公司的创始人、著名发明家维尔纳·冯·西门子说:"我绝不会为了短期利润而牺牲未来。"

创新是企业的动力之源,质量是企业的立身之本,管理是企业的生存之基。在党的十九大上,习近平总书记强调,要激发和保护企业家精神,鼓励更多社会主体投身创新创业。今天市场竞争日益激烈,企业不仅面临着国内竞争,而且面临着国际竞争。企业家必须认识到,依靠低成本竞争终究不可持续,只有依靠优质的产品和服务才能长远发展。只有通过从产品创新到技术创新、市场创新、组织形式创新等全面创新,才能寻找到新的商业机会。企业必须深入开展质量提升行动,着力培养技术精湛、技艺高超的高技术人才,加大技术投入,强化品牌意识,实施品牌战略,提高品牌经营能力。政府部门要加强对知识产权保护力度,激发和保护老字号企业改革创新发展意识,扶持具有优秀品牌的骨干企业做强做优,树立具有一流质量标准和品牌价值的样板企业。

(四)弘扬工匠精神

党的十九大报告指出,要"建设知识型、技能型、创新型劳动者大军，弘扬劳模精神和工匠精神，营造劳动光荣的社会风尚和精益求精的敬业风气"。从2016年到2019年，"工匠精神"四度写入《政府工作报告》。工匠精神是从业者为追求产品、服务的高品质而具有的高度责任感、专注、热爱、持之以恒、精益求精、勇于创新等精神，大力弘扬工匠精神，是中国质量发展的重要基石。工匠精神是一种职业价值取向和行为表现，是一种爱岗敬业、精益求精、协作共进、追求完美的精神。

爱岗敬业的职业精神。术业有专攻，艺痴者技必良，工匠精神首先表现从业者基于对职业的敬畏和热爱而产生的一种全身心投入的认真负责、尽职尽责的职业精神状态，一种干一行爱一行，钻一行精一行的敬业精神，一种心无旁骛的执着，一种一丝不苟、勤勤恳恳的坚持，一种专心专注专一的韧性。

精益求精的品质精神。精益求精是从业者对每件产品、每道工序都凝神聚力、精益求精、追求极致的职业品质。"天下大事，必作于细"，精益求精源自内心笃定而着眼于细节的耐心，表现为对待品质追求的永不满足，是已经做得很好，还不惜花费大量的时间和精力做得更好，达到极致。

协作共进的团队精神。和传统工匠不同，新时代工匠尤其是产业工人的生产方式已不再是手工作坊，而是大机器生产，所承担的工作只是众多工序中的一小部分，这就需要团结协作，而不是各自为战。新时代工匠需要特别倡导团队精神，在分工合作中，依靠团结的力量，把个人的愿望和团队的目标结合起来，超越个体的局限，发挥集体的作用。

追求卓越的创新精神。古往今来，热衷于创新和发明的工匠们一直是世界科技进步的重要推动力量。"工匠精神"包含追求突破、追求革新的创新内蕴。新时代工匠精神只有在继承基础上不断创新，才能跟上时代前进的步伐，推动产品的升级换代，以满足社会发展和人们日益增长的美好生活需要，让中国创新重新影响世界。

工匠精神不会从天下掉下来，而需要大力培育，树匠心、育匠人、出精品。

培育工匠精神首先要树匠心。工匠精神，匠心为本。一方面，加强宣传教育，从中华优秀传统文化中汲取营养，不断赋予其新的时代内涵，引导全社会深刻认识培育和弘扬工匠精神的重要意义，让尊重劳动、尊重知识、尊重人才、尊重创造成为社会共识，尊重一线员工和专业技术人员的劳动，形成推崇工匠精神的良好社会氛围。另一方面，紧跟时代步伐，完善制度机制，建立健全评价机制，建立健全培养、考核、使用、待遇相统一的激励机制，评选奖励优秀一线员工和专业技术人员，引导人们在工作中精益求精，勇于开拓创新，让工匠精神薪火相传、发扬光大。

培育工匠精神其次要育匠人。工匠精神，匠人为基。广大技能人才是工匠精神的主要传承者、实践者、创新者，拥有一支技艺超群、敬业奉献的技能人才队伍，是建设制造强国的坚强保障。培养壮大技能人才队伍，一方面要转变社会观念，提高技能人才的经济待遇和社会地位，激发其内在动力，激发员工钻研生产技艺、不断创新创造的积极性。另一方面要建立健全职业技术教育体系，发展高水平的现代职业技术教育，实行产教融合、校企合作的技能人才培育方式，完善职业技能等级认定政策，企业应建立标准化、系统化的培训体系，为技能人才成长搭建平台、创造条件，让更多的大国工匠脱颖而出。

培育工匠精神还要出精品。工匠精神，精品为重。只有打造更多优质产品、塑造更多中国品牌，中国制造业才能实现品质革命、跻身世界前列。打造精品不是简单的技术和管理问题，而是一项涉及诸多方面的系统工程。打造精品，既需要一线员工和专业技术人员强化责任意识和职业操守，不断提升专业技能，又需要注重改进制造工艺、产品性能，不断满足用户对产品和服务品种多样化、品质高端化的需求，还需要提升管理水平，严格执行工序标准，普及卓越绩效、精益生产、质量诊断等先进生产管理模式，加强从研发设计、物料采购、生产制造到销售服务的全过程管理，让工匠精神体现到一件件精品、优质产品上。

四、自立于强国之林的特色：质量管理理论的创新

20世纪70年代以来，全面质量管理理论已经日臻成熟，并被广泛运用。第四次工业革命已经来临，这不仅意味着科技正发生深刻变化，质量管理也随之深刻变化，数字质量时代已经来临。质量管理思维只有与数字化一起演变发展，才不至于被抛弃，才能开拓质量管理的新领域、质量发展的新境界。

（一）数字质量产生背景

"工业4.0"来临。2005年，第四次工业革命浪潮迎面而来。2005年11月17日，国际电信联盟发布《互联网报告2005：物联网》，正式提出"物联网"概念。2006年，国际上第一个信息物理系统研讨会第一次详细描述了信息物理系统概

第 8 章 → 强国战略的全球视野

念。2008年3月美国信息物理系统研究指导小组发布《信息物理系统概要》，2014年末美国总统科技顾问委员会发布《加速美国先进制造业发展》最终报告，2016年5月美国国家标准与技术研究院发布《信息物理系统框架》。其他世界强国也不会坐而视之。2009年德国的《国家嵌入式系统技术路线图》明确提出，信息物理系统将是德国继续保持制造业领先的技术基础。2010年7月德国政府通过《高技术战略2020》，2011年德国科学与工程院完成了长达几百页的《信息物理系统研究议程》，2013年4月《德国工业4.0实施建议》发布。随后，德国立即将"工业4.0"项目纳入了《高技术战略2020》。2016年德国"工业4.0"进入应用推广阶段，德国经济部发布《数字战略2025》。2013年6月14日日本政府正式出台《日本再兴战略》。2014年6月韩国正式推出《"制造业创新3.0"战略》，2015年3月又公布了《"制造业创新3.0"战略实施方案》。

制造业回归。20世纪80年代前后，美英法先后进入"去工业化"时代。1993年，美国政府批准了先进制造技术计划，但付之实践举步维艰，到2005年国内制造业占GDP的比重仅为12.99%。2006年1月31日，小布什向世界宣布雄心勃勃的《美国竞争力计划》，2009年12月奥巴马签署《重振美国制造业的框架方案》，2010年8月11日又签署《制造业促进法案》。2012年2月22日，美国国家科学技术委员会正式发布《先进制造国家战略计划》，正式将先进制造业提升为国家战略。2016年2月美国国会颁布《国家制造业创新网络纲要的战略计划》，2018年10月5日美国国家科学技术委员会发布《先进制造业美国领导力战略》报告，指出先进制造业质量控制要点和思路。其他世界强国同样选择了制造业回归。2008年英国政府提出"高价值制造"发展战略，2011年底又提出了《先进制造业产业链计划》，2013年10月英国政府科技办公室推出《英国工业2050战略》。2013年1月起法国实施"竞争力与就业税抵免"政策，2013年9月12日法国制定了一项10年期规划——《新工业法国》战略。2019年，德国正式发布《国家工业战略2030》，计划到2030年将工业产值占国内生产总值的比例增至25%。

当第四次工业革命来临时，无论是德国的"工业4.0"，日本的《创新25战略》，还是美国的《先进制造业国家战略计划》，俄罗斯的《2030年前经济社会发展战略》，无一例外地再次聚焦质量。"重振制造业""再工业化"不是简单地回到过去、回到工业时代，不是简单重复过去的方式、过去的路径、过去的故事，而是一场以"工业4.0"为核心的崭新革命，是在"工业4.0"平台上的新变革、新高度、新质量。

（二）数字质量三大特征

数字质量起码包含三大内涵：全面满足消费者体验的魅力质量，沟通顺畅和反应迅速的敏捷质量，从需求到服务的全生命周期质量，数字质量管理具有全面、敏捷和零距离三大特性。

全面——全面满足消费者体验的魅力质量。从卖方市场到买方市场，时代不同，消费需求不同，定制化生产成为明显特征。今天的消费者更加挑剔，影响力比之前任何时期更大，产品竞争比之前任何时期更残酷。尽管企业努力降低成本，提高生产速度，但顾客永远只购买更好的产品和服务，满足顾客需求成为未来生产和商业模式最主要目的。质量才是新时代的通行证，没有质量，再低的成本、再快的速度，都无法进入新时代的大门。2015年，美国质量协会《2015年质量未来报告：不断改进》指出：质量可能是无形的，但无处不在。2017年，《福布斯》携手美国质量协会起草发布了《不断上升的质量经济实力》，这份由1869名最高管理层和质量专业人员参与的调查报告指出：质量对企业盈利增长产生直接影响。质量竞争不仅在一个地区、国家内部，而是日益全球化，任何产品都可能要与德国制造、日本制造、瑞典制造、美国制造进行比较。如果说，克劳士比在"零缺陷"理论中提出的"第一次就做对"还是一种追求，那么数字时代，"第一次就做对"成为基本要求，因为"第二次才做对"意味着永远出局，再无机会。网购消费市场越来越大，网络拉近生产者、经营者和消费者之间的距离，而社交媒体和互联网让消费者与消费者之间的距离更近，质量信息传播速度更快，低劣质量将付出更加高昂代价。20年前，如果产品出现质量问题，客户只会告诉身边为数不多的亲朋好友。但是数字化环境下，消费者拥有更多发言权和更大影响力，一旦发现质量问题，马上通过互联网，将有关消息传播到世界各地，迅速告知成千上万素不相识的人。顾客说了算的时代已经来临，低质量负面影响显著增加，代价更加高昂，只有全面满足消费者体验的魅力质量，才会有未来。

敏捷——沟通顺畅和反应迅速的敏捷质量。"工业4.0"浪潮席卷而来，科学技术大量涌现和飞速发展。在购物过程越来越快的同时，产品生命周期越来越短，产品更新换代越来越快。一方面，企业通过快速重组、动态协同、快速配置、集成与共享资源，降低消耗，减少产品投放市场所需时间，增加市场份额。另一方面，通过网络快速获取信息，及时响应市场变化，第一时间对市场需求做出反应，提高生产效率。但是这远远不够，企业还必须确保向市场投放的每件产品都是安全的，乃至优质的。又快又好，两者缺一不可。从快的角度看，智能制造的直接目标是快速响应，一切将变得更快，数字产品几乎能在一瞬间交付给客户；从好的需求看，要运用高度自动化和系统化的方法持续改进，达到日益精益，保证提供最高品质的产品。于是，敏捷质量管理呼之欲出。面向未来，要通过质量长期地获得成功，关键在于将传统美德与21世纪所要求的响应速度快、网络化、沟通能力和跨文化交流能力等有机地结合在一起。这意味着必须保持永不停止质量改进和创新的意愿，始终能够迅速地、灵活地面对变化的世界。2013年10月，英国政府发布了长达250页的《未来制造业：一个新时代给英国带来的机遇与挑战》报告，指出未来英国制造业第一个特点就是快速、敏锐地响应消费者需求，更快地采用新科技，加强产品定制化趋势。2016年，德国质量协会起草了《敏捷质量管理宣言》，提出"以变应变"七大原则。高效沟通带来灵活、快速和具有创造性的反应，不仅能够调动资源，而且把质量保证深入组织的整个网络架构中，推动和支持动态的敏捷工艺，实现产品质量安全，造福消费者。

零距离——从需求到服务的全生命周期质量。"工业4.0"时代，消费者不仅关心产品的技术质量和过程质量，而且关注产品的快速反应、人文特性、透明度等。质量将从功能性品质、服务品质发展到贯穿产品生命周期的整个供应链、产业链、价值链，覆盖组织所有活动和方方面面，全过程质量管理将向着全生命周期质量治理迈进。企业中专门质量管理人员可能消失，因为每个人的工作都与质量有关。质量可能看不见，但又无处不在。"工业4.0"把个性化产品和大规模生产融为一体，一切变得越来越透明，消费者越来越深度参与质量创造过程，定制化需求不断得到满足。在虚拟空间中，不仅可以模拟预生产的产品特性，而且可以对研发、设计、试验、制造、装配等进行仿真"预演"，形成更优方案，大幅度提高设计精度，大幅度降低研制成本。通过信息物理系统，不仅可以更加精准地分析客户状况和客户需求，迅速将客户需求转换为设计、生产，而且可以让用户借助仿真手段，直接参与产品的设计和生产，共同实现敏捷设计和柔性生产。3D打印进一步降低制造业门槛，个体甚至可以参与部分制造。在"工业4.0"透明高效的信息化生产流程中，信息物理系统实现物理空间与信息空间联通，打破生产流程的信息孤岛现象，质量持续改进遍及整个组织内的所有活动，并在瞬间完成。智能化将使精准制造发生翻天覆地的变化。虚拟现实、增强现实、数字孪生技术等的应用，可在平板电脑、手机移动终端、可穿戴设备上展示工艺结果，预判质量水平。运用统计和其他数学工具对业务数据进行高级分析，进而能够评估和改进操作工艺流程。智能工厂把质量检验检测融入生产全过程，质量特性的实际数据和环境数据100%在线检测，任一时刻发生任何偏差都能够即刻知晓，每个零件都具备100%可追溯性。

（三）数字质量两大关键要素

与传统质量管理相比，数字质量管理呈现出新情况、新规

建设 质量 ————→ 强国

律，其中大数据和标准化将成为两大关键要素。

  大数据。数字化时代，产生海量大数据，消费偏好、产品参数、工艺参数、控制参数等数据都与质量相关，都能为质量管理所用。持续的质量数据收集和分析为质量改进提供依据，大数据为质量管理提供新思维、新方法。无线射频识别技术、二维码和条形码可以用于产品的标识与追溯，在线数据收集表、移动文档收集与整理质量记录，移动云平台实时处理大数据，将滞后的质量数据变成直观可见的趋势，从而事前预防问题，而不是问题出现后再去解决问题。大数据提供难以想象的透明度，有利于构建信用体系，为政府监管提供便利。运用大数据，政府部门可以建立透明的、全覆盖的、统一的、预防性的质量安全管理体系，将目前以抽查为主的管理模式转变为以大数据

* 当代中国，人们生活中最常用的就是移动支付，一部装有微信、支付宝等应用金融工具的手机让购物更便捷。图为微信支付场景展示（王嘉摄）

和智能管理为基础的管理模式。对于网络零售监管这样的世界性难题,将很便利地实现可追溯、可评价。大数据为质量管理和发展开拓新天地,也带来新问题。数据安全和真实尤其备受关注,数据质量安全将成为最重要的质量安全。工业革命时代,生产者与消费者之间的距离被拉远,造成质量信息不对称,这种不对称是因为不了解、不掌握。"工业4.0"时代,数据拉近生产者与消费者之间的距离,生产者将更加广泛地了解和掌握消费者需求,而消费者在获取更丰富质量信息的同时,可能会被更多虚假信息所蒙蔽,不对称性可能进一步加剧。互联网行业数据造假已经成为通病,数据安全不仅是技术问题,而且和政治、法律、社会、文化、道德等密切相关。过去,我们曾经创造一个词语"地球村",以此呼吁世界各地人们共同爱护和保护地球。今天,我们需要一个"数据村"的概念,号召全人类一起维护数据安全。

标准化。立足于大规模标准化生产的流水线,是第二次工业革命最重要的发明之一。尽管第三次工业革命诞生了自动化生产线、数控机床、柔性生产线,但大规模标准化生产依然是制造业的主要生产模式。第四次工业革命,产品生产将从规模化转变为定制化。过去,产品大多直接由各种零部件构成。"工业4.0"时代,标准化的零部件将组装成模块,以模块设计产品,能够快速响应市场多样化需求,满足消费者差异化需求。传统的标准化将在零部件和材料生产等方面继续发挥作用,标准水平和国际化程度越来越高。"工业4.0"时代,标准化不仅不会消失,而且通用性会越来越高。为了让不同模块顺利连接,对模块接口标准化也提出了要求。另一个更加重要的标准化在于信息物理系统。要实现万物互连，保证信息顺畅沟通，就需要统筹信息物理系统设计、实现、应用等多方面的标准化问题，必须讲同一种语言，解决互联互通、异构集成、互操作等复杂技术问题。这些挑战都是全球性的，谁占据这个高地谁就将掌握主导权。

第 9 章

前景展望：质量强国与高质量发展

我国经济已由高速增长阶段转向高质量发展阶段，正处在转变发展方式、优化经济结构、转换增长动力的攻关期，建设现代化经济体系是跨越关口的迫切要求和我国发展的战略目标。

——习近平总书记在中国共产党第十九次全国代表大会上的报告（2017年10月18日）

第 ⑨ 章　→ 前景展望：质量强国与高质量发展

2017年10月，习近平总书记在党的十九大报告中明确提出，我国经济已由高速增长阶段转向高质量发展阶段。这是一个重大的历史判断，是对我国发展阶段的里程碑式的描述。质量强国已经成为高质量发展的重要内容和重要课题。

一、质量强国是高质量发展的重要组成部分

中国正迈入高质量发展阶段，习近平总书记在党的十九届五中全会指出："必须强调的是，新时代新阶段的发展必须贯彻新发展理念，必须是高质量发展。"高质量发展的内涵很多，从国内来看，我国社会主要矛盾已经转化为人民日益增长的美好生活需要和不平衡不充分的发展之间的矛盾，发展中的矛盾和问题集中体现在发展质量上。从国际环境来看，我国积极应

* 伴随着新基建和信息化建设的迅速发展，我国轨道交通逐步进入网络化、智能化阶段。图为某轨道交通博览会（王嘉摄）

对外部环境变化带来的冲击挑战，关键在于办好自己的事，提高发展质量，提高国际竞争力，实现经济行稳致远、社会和谐安定。从全面发展来看，我国经济、政治、文化、社会、生态等各领域都要体现高质量发展的要求。

那么，高质量发展和质量强国建设是什么关系？怎么看待二个"质量"之间的异同，是把握二者紧密联系的关键。

首先，质量强国建设是高质量发展的重要组成部分。产品质量之"质量"是微观质量，包括工程质量、服务质量等，都是符合性指标，包括性能功能、可靠性、满意度等。高质量发展之"质量"，指的是经济社会全面发展的"好不好""效益高低"等。高质量发展，包括产品质量、工程质量和服务质量的大幅度提高，包括建设质量强国在内。习近平总书记对此有重要阐述："更明确地说，高质量发展，就是从'有没有'转向'好不好'。"

其次，质量强国建设是高质量发展的内在要求。高质量发展是我们当前和今后一个时期确定发展思路、制定经济政策、实施宏观调控的根本要求。创新、协调、绿色、开放、共享这五大发展理念，是"十三五"乃至更长时期我国发展思路、发展方向、发展着力点的集中体现，也是改革开放以来我国发展经验的集中体现，反映出我们党对我国发展规律的新认识。"高质量发展，就是能够很好满足人民日益增长的美好生活需要的发展，是体现新发展理念的发展，是创新成为第一动力、协调成为内生特点、绿色成为普遍形态、开放成为必由之路、共享成为根本目的的发展。"五大发展理念，说到底，都是质量强国的具体要求和目标性指南。

再次，质量强国建设是高质量发展的重要动力。习近平总书记指出："我国经济已由高速增长阶段转向高质量发展阶段，正处在转变发展方式、优化经济结构、转换增长动力的攻关期，建设现代化经济体系是跨越关口的迫切要求和我国发展的战略目标。""中国致力于质量提升行动，提高质量标准，加强全面质量管理，推动质量变革、效率变革、动力变革，推动高质量发展。"这两段话，分别论述了高质量发展对经济发展的要求，高质量发展对质量工作的要求，十分精辟，概括全面而深刻。我们理解，实现质量变革，就是通过质量基础建设、质量水平提升、质量安全状况改进，实现产品质量接近世界先进水平，满足人民对美好生活的向往，大幅度提升我国人民群众的生活水平。

* 2021年7月10日，国产最大土压平衡盾构机"锦绣号"在铁建重工第二产业园下线。该盾构机开挖直径达12.79米，总长135米，总重3000吨，装机功率7500千瓦，取得多项突破（汤叶摄）

最后，高质量发展之"质量"和质量强国建设之"质量"，统一于实现第二个百年奋斗目标的伟大发展进程中。习近平总书记有明确而具体的论述："以推动高质量发展为主题，必须坚定不移贯彻新发展理念，以深化供给侧结构性改革为主线，坚持质量第一、效益优先，切实转变发展方式……使发展成果更好惠及全体人民，不断实现人民对美好生活的向往。"这就把高质量发展、经济发展、质量第一、美好生活等诸多因素综合起来，统一到高质量发展的时代主题中，为新时代新阶段推动高质量发展指明了前进方向、提供了根本遵循，意义重大而深远。

二、我国已经具备建设质量强国的主客观条件

新时代，我国质量工作的形势与任务发生了根本性变化，质量强国已经成为高质量发展的重要动力。习近平总书记多次指出质量变革、质量创新的重要性。在2021年9月16日，国家主席习近平向中国质量（杭州）大会致贺信中指出："中国致力于质量提升行动，提高质量标准，加强全面质量管理，推动质量变革、效率变革、动力变革，推动高质量发展。"新时代，建设质量强国已经成为党和国家的要求、人民的期盼、时代发展逻辑的呼唤，我国已经具备建设质量强国的各个方面的条件。

第一，党中央高度重视质量工作是建设质量强国的重要思想保障和政策指引。我们党历来高度重视质量工作，毛泽东、邓小平、江泽民、胡锦涛都强调"质量第一"。党的十八大以来，以习近平同志为核心的党中央把质量工作放在更加突出的位置，明确提出要把推动发展的立足点转到提高质量和效益上

来，坚持以提高发展质量和效益为中心，强调要推动中国制造向中国创造转变，中国速度向中国质量转变，中国产品向中国品牌转变。习近平总书记发表了一系列关于质量发展的重要论述。我们初步梳理总结，一是提出"供给质量"新概念，要求大力改善消费环境，通过改善供给质量来刺激消费需求。二是供给侧结构性改革的主攻方向是提高供给质量，提升供给体系的中心任务是全面提高产品和服务质量。提高消费品质量，适应个性化多样化消费的主流趋势。三是树立质量第一的强烈意识，下最大气力抓全面提高质量。四是经济发展要坚持数量和质量并重，防止出现为求数量而牺牲质量。五是培育以技术、品牌、质量、服务为核心的出口竞争新优势。六是质量是企业的立身之本，管理是企业的生存之道，必须抓好创新、质量、管理。七是强化企业主体责任落实，牢牢守住安全生产底线，切实维护人民群众生命财产安全。八是标准决定质量，有什么样的标准就有什么样的质量，只有高标准才有高质量。九是加强质量发展国际合作，当"德国制造"和"中国制造"真诚牵手合作，我们所制造的将不只是高质量的产品，更是两国人民的幸福和理想。十是提出建设质量强国。在党的十九大上，习近平总书记强调，我国经济发展已由高速增长阶段转向高质量发展阶段，要求必须坚持质量第一、效益优先，以供给侧结构性改革为主线，推动经济发展质量变革、效率变革、动力变革，提高全要素生产率，并明确提出建设质量强国。当然，这种概括是初步的，不全面也不十分准确，期待更多的同志学习、研究、总结，以启发思维，推动工作。

第二，质量工作已经融入国内经济建设的主战场，成为刺激内需的主阵地。党的十九届五中全会提出:"坚持扩大内需这个战略基点,加快培育完整内需体系,把实施扩大内需战略同深化供给侧结构性改革有机结合起来,以创新驱动、高质量供给引领和创造新需求。"中国国内市场广阔,14亿人口的庞大市场、4亿多中等收入群体的巨大隐藏购买力,已成为我国经济的内生动力所在、引擎所在,成为拉动经济增长的主要力量、"压舱石"、"稳定器"。质量提升,可以引导消费需求,适应国内消费爱好、消费风气、消费情趣等变化,倒逼产业结构的调整;质量变革,可创造新的消费需求,补产业短板、强技术弱项、创消费品牌、促投资增长。一句话,质量工作已经成为构建以国内大循环为主体、国内国际双循环相互促进的新发展格局的重要内容。

第三,质量变革已经成为我国经济发展的重要驱动力。新时代,我国社会主要矛盾是人民日益增长的美好生活需要和不平衡不充分的发展之间的矛盾,经济发展新常态下的主要任务是调整经济结构,中心工作是提高发展质量和效益。这就赋予质量工作、质量强国建设新的使命和任务,即要为人民日益增长的美好生活需要提供更多更好的产品、更高质量的工程建设,更高满意度的服务质量,解决发展不平衡、不充分的突出问题。应该说,我国当前建设质量强国的短板还不少:全国产品质量监督抽查合格率稳步提升,制造业产品质量合格率稳定在90%以上,但有的产业和产品的合格率仍然不高,带来的资源和能源浪费依然较大;不少产业的产品核心零件、关键部件受制于人,质量提升遇到瓶颈;世界范围内以质量为核心要素的标准、人才、技术、市场、资源等竞争日趋激烈,疫情防控使得各国普遍重视自身产业健全和产品质量安全;质量基础中的计量、

第 ⑨ 章　　→ 前景展望：质量强国与高质量发展

标准、检验检测和合格评定等亟须加强，这也是一个长期、艰巨的追赶任务；我国高质量发展必定是以产品质量的提升为基础，对产品质量、工程质量、服务质量和环境质量等，提出了新的更高的要求；等等。差距就是变革的重点，不足将成为提升的成效。这些差距和不足的解决，就是我国质量强国建设的重要意义和重要作用所在。

第四，建设质量强国已经成为国家战略。在国家的"十四五"规划中，已经明确提出要建设质量强国，这是质量强国上升为国家战略的标志。靠规划来提升质量、发展质量，是我国质量工作的一个经验和有效措施。1996年12月国务院发布《质量振兴纲要（1996年—2010年）》，明确提出经过15年努力，从根本上提高我国主要产业的整体素质和企业的质量管理水平，初

* 近年来，我国加大芯片研发力度，提高芯片产业战略地位，致力于建立独立可控安全的国产芯片产业链和供应链体系。图为某工厂女工正在展示自己焊接的集成电路板（王嘉摄）

241

步形成若干个具有国际竞争能力的重点产业及一批大型企业和企业集团，主要工业产品有75%以上按国际标准或国外先进标准组织生产，等等。特别是最近10年来，国家对质量发展规划的工作越来越重视。2012年1月，国务院印发《质量发展纲要（2011—2020年）》，后又发布《计量发展规划（2013—2020年）》《国家标准化体系建设发展规划（2016—2020年）》《装备制造业标准化和质量提升规划》《消费品标准和质量提升规划（2016—2020年）》等一系列法规、文件。从未来一个时期质量发展的规划需求来看，需要考虑制定质量强国的发展规划，这将对推动制造业优化升级、新兴产业发展壮大、服务业繁荣发展，加强新型基建、交通运输体系、现代能源体系建设，都将极大地促进产品质量提升、经济结构变革、投资规模效益优化、内需稳定扩大、产业不断升级，极大地加快我国的现代化进程。

第五，扩大开放、引领全球化发展是我国建设质量强国的外部环境条件。2018年4月10日，国家主席习近平在博鳌亚洲论坛年会上发表演讲，向世界明确表态：中国开放的大门不会关闭，只会越开越大！依靠开放、学习运用世界先进科技来建设质量强国，努力站在制造业、质量管理一流方阵，是世界强国发展的共同规律。当前，我国的质量发展已成为世界产业链的重要组成部分。新冠肺炎疫情期间，我国医疗物资的强大生产能力，让世界侧目。我国经济总量已经突破100万亿元大关，稳居世界第二，对世界经济的贡献率达到30%以上。国外有专家提出，纵观几百年世界强国史，排名第一的强国总是联合排名第三的盟友，排挤掉排名第二的挑战者。16世纪至20世纪，葡萄牙、荷兰、英国和美国，相继成为世界第一强国，就是遵循这个所谓的"规律"。对此，我们必须保持清醒头脑，既要防范这个"规律"，又要"跳出"这个所谓"规律"的"怪圈"。要看到我国经济总量用14亿人口来平均，还只是发展中国家，实现"强起来"的强国梦，实现第二个百年的奋斗目标，必须把质量强国建设摆在更加突出的位置。在质量强国建设的国际环境上，机遇与挑战并存，梦想与风险同在。尽管处于产业链条中低端的产品较多，但已经有220多个产品在世界上产量第一，许多已经迈入强国的门槛或者离强国的距离已经"看得见""跳起来够得着"。在质量强国建设的质量竞争力上，我国健全、配套、完整的产业链，是全世界制造大国中绝无仅有的，不是某些势力想限制就能够限制得住的。

第六，质量法治和政策措施等，已经形成一个完整体系、完备条件。我国质量工作法规、机制、制度、政策不断优化创新，已经逐渐形成一个完整的体系。一是有法规。我国的产品质量安全监管的法律制度比较健全，法律有：产品质量法、标准化法、计量法、食品安全法、消费者权益保护法、行政许可法、行政强制性法等；行政法规有：工业产品生产许可证管理条例、食品安全法实施条例、工业产品质量责任条例、认证认可条例、缺陷汽车召回管理条例、烟花爆竹安全管理条例、危险化学品安全管理条例、棉花质量检验管理条例等；部门规章有：工业产品生产许可证管理条例实施办法、产品质量监督抽查管理暂行办法、强制性产品认证管理规定等；技术标准有：2000多项强制性国家标准，3.8万项推荐性国家标准，等等。这四大块，构成了体系完整、全面覆盖、执法有据的质量法律体系。二是有奖励。2013年5月，国务院办公厅印发《质量工作考核办法》。2014年7月

建设 质量 ⎯⎯→ 强国

* 机器人被誉为"制造业皇冠顶端的明珠",其研发、制造、应用是衡量一个国家科技创新和高端制造业水平的重要标志。图为某展会上,双臂机器人玩牌系统对公众进行展示(王嘉摄)

国务院启动首轮对各省级政府的质量工作考核,12月启动中国质量奖的评选,旨在推广科学的质量管理制度、模式和方法,促进质量管理创新,传播先进质量理念,激励引导全社会不断提升质量,推动建设质量强国。至今,中国质量奖已经评选四次。2021年9月,全国99个组织和个人,获得第四届中国质量奖及提名奖。三是有机制。国务院成立国家质量强国建设协调推进领导小组,国务院标准化协调推进部际联席会议、全国认证认可工作部际联席会议等制度,推动各部门形成相互联动、齐抓共管的质量工作合力,构建政府主导、企业主体、部门协作和社会参与相结合的大质量工作格局。四是有行动方案。2017年9月,《中共中央 国务院关于开展质量提升行动的指导意见》正式印发。该指导意见共六个部分、30条,总体上可以分为目标要求、主攻方向、主要举措、保障措施四大板块，相继回答了提升什么、怎么提升、怎么保障提升的问题。特别是指导思想首次提出将质量强国战略放在更加突出的位置，基本原则强调以质量第一为价值导向、以满足人民群众需求和增强国家综合实力为根本目的、以企业为质量提升主体、以改革创新为根本途径。到2020年，质量提升行动的目标已经实现：供给质量明显改善，供给体系更有效率，建设质量强国取得明显成效，质量总体水平显著提升。五是有部门统管。2018年新的国务院机构改革，质量工作是新成立的市场监管总局重要职责，在更多层次、更大范围上实现对质量工作的统筹领导。全国市场监管系统共有70多万人，严格质量监管和基层一线综合执法的力量得到了大大加强。

回顾我国质量振兴、质量发展、质量强国建设的历史，比较中外质量强国建设的经验教训，我们深切感受到，我国质量整体水平发生了翻天覆地的变化，从"有没有"到"好不好"、从"电灯电话楼上楼下"到"出国游、房车游"，中华民族美好生活的梦想正在一天一天的实现。

面向未来，我们将在以习近平同志为核心的党中央领导下，肩负起新时代建设质量强国的伟大使命，把握新发展阶段，贯彻新发展理念，构建新发展格局，坚持"大市场、大质量、大监管"，适应分众化、小众化、差异化和个性化的质量消费需求，跟上云计算、大数据、物联网、人工智能等新一代信息科技快速发展的质量发展潮流，建设符合新基建、5G、工业互联网、智慧城市、碳达峰碳中和的标准和计量等质量基础设施，加快建设质量强国，为实现第二个百年奋斗目标、中华民族伟大复兴提供坚实的质量保障。

后　记

应中国青年出版社之约，我们几位多年从事质量政策研究的同仁在业余时间，历经大半年的艰苦工作，认真撰写该书。这既是一次学术研究汇报，也是一次知识传播和宣传，更是建设质量强国的责任所系、使命所在，是响应中央提出的建设质量强国号召的具体行动。

本书以习近平新时代中国特色社会主义思想为指导，力图描述出质量强国的前世今生，不是质量强国的全面性的政策性的解读，而是讲述我国质量工作的历史脉络，探寻质量强国建设的规律性认识，以给广大读者一个面上的感知、感受，启发对于强国之道的思考。考虑到书中各个部分的论述需要，有的概念、内容需要从不同角度加以强调，也有的重要内容在不同章节均加以论述、强调。所以本书可以全书通读，各章也可相对独立阅读。

本书由李刚、冯军、赵文斌、胡立彪、俞进明著，李刚任主编、冯军任副主编。由李刚提出初步提纲设想，大家反复讨论、几经碰撞，最后达成一致，明确分工、分头写作。具体分工如下，前言（李刚、赵文斌）、第一章（胡立彪）、第二章（冯军）、第三章（赵文斌）、第四章（冯军、赵文斌）、第五章（胡立彪）、第六章（俞进明、胡立彪）、第七章（李刚）、第八章（赵文斌）、第九章（李刚）、后记（李刚）。全书由李刚、冯军进行统稿。

质量强国、美好生活是我们共同的期待。我们试图给大家讲清楚建设质量强国的来龙去脉，描述出美好的生活未来、展现出质量强国梦想的远景，但是否能达到这个目标，还请读者们评说，书中的不足和谬误也欢迎多批评、指正。

特别感谢国家市场监督管理总局总工程师韩毅同志认真审看本书提纲，充分肯定本书写作，并提出了宝贵的修改建议；国际质量科学院院士、原国务院参事郎志正先生对本书的写作十分支持，与本书主编电话沟通，提出10条建议；国际质量科学院院士、原质检总局总工程师刘卓慧女士，热心支持本书写作，提出增加质量基础设施部分等建议。本书写作还得到许多同仁的关心支持，恕不一一言及。

质量大潮，风起云涌；强国大业，鼓帆踏浪。希望读者多关注质量强国建设，参与质量强国建设，我们共同在新时代新征程上赢得更多以质取胜、高质量发展的成绩和荣光。

图书在版编目（CIP）数据

建设质量强国 / 李刚主编. —北京：中国青年出版社，2022.10
ISBN 978-7-5153-6767-5

Ⅰ.①建… Ⅱ.①李… Ⅲ.①制造工业－质量管理－研究－中国 Ⅳ.①F426.4

中国版本图书馆CIP数据核字（2022）第168278号

"问道·强国之路"丛书
《建设质量强国》
主　　编　李刚

责任编辑　侯群雄
出版发行　中国青年出版社
社　　址　北京市东城区东四十二条21号（邮政编码 100708）
网　　址　www.cyp.com.cn
编辑中心　010-57350401
营销中心　010-57350370
经　　销　新华书店
印　　刷　北京中科印刷有限公司
规　　格　710×1000mm　1/16
印　　张　17.25
字　　数　189千字
版　　次　2022年9月北京第1版
印　　次　2022年9月北京第1次印刷
定　　价　49.00元

本图书如有印装质量问题，请凭购书发票与质检部联系调换。电话：010-57350337